TOUT À FAIT FRANÇAIS

Tout à fait français

Edited by

VÉRONIQUE MORRISON,

ARMIN WISHARD, and **EDWARD DILLER**

W·W·NORTON & COMPANY·INC·
New York

"Astérix": © Dargaud Éditeur Paris by Goscinny & Uderzo.

"Le Bonheur et les Français," reprinted from L'Express by permission of Georges Borchardt, Inc.

"La Cuisine Mini-Calories," © L'Express. Photo by Michel Guerard.

"Lucky Luke": © Dargaud Éditeur Paris by Goscinny & Morris.

"La Planche à roulettes": © Paris Match/Letac.

"La Télévision": Courtesy of L'Express. Photo by Jacques Haillot.

Claire Bretécher: "L'Enfant à névrosé" and cartoon from Les Frustrés, © Le Nouvel Observateur.

Robert Desnos: "Le Dernier Poème" extrait de Domaine Public, © Éditions Gallimard, avec l'autorisation de l'éditeur. "Le Pelican" extrait de Chantefables et Chantefleurs, © Librairie Gründ. Avec l'aimable autorisation de l'éditeur.

Dominique Ferbos (Elle Scoop): "Saint-Laurent: Je veux donner aux femmes..." with photos by Elwing, reprinted courtesy of Scoop.

Maxime Le Forestier: "Marie, Pierre et Charlemagne" reprinted by permission of Éditions Rideau Rouge and Service Copyright; photo courtesy of L'Express.

Al Jaffee: Cartoon courtesy of Mad Magazine, © 1965 by E. C. Publications, Inc.

A. A. Milne: Extrait de Winnie L'Ourson, traduit par Pierre Martin, l'édition française de Winnie the Pooh, de A. A. Milne; avec l'autorisation de Curtis Brown Ltd. et Librairie Hachette.

Jacques Prévert: "Refrains enfantins" extrait de Spectacle, © Éditions Gallimard. "Le Dromadaire Mécontent" extrait de Histoires, © Éditions Gallimard. Avec l'autorisation de l'éditeur.

Antoine de Saint-Exupéry: From Le Petit Prince, copyright, 1943 by Harcourt Brace Jovanovich, Inc.; renewed, 1971, by Consuelo de Saint-Exupéry. Selection reprinted and illustration reproduced by permission of the publishers.

Sempé: Cartoons from Tout se complique, © 1962; Rien n'est simple, © 1962; Sauve qui peut, © 1964; and La grande panique, © 1965; all copyright by Éditions Denoël and Sempé and used by permission.

PHOTOS: Jean-Pierre Couderc/L'Express (pp. 34, 139); Bernard Charlon/L'Express (p. 41); Michel Giannoulatos/L'Express (pp. 66, 117); Jacques Maillot/L'Express (p. 87); Julien Quideau/L'Express (p. 107); French Consulate (pp. 113, 119, 135); Elle-Scoop (p. 140); Jean-Jacques Villard (p. 159).

Library of Congress Cataloging in Publication Data

Main entry under title:
Tout à fait français.
    1. French language—Readers. I. Morrison, Véronique.
II. Wishard, Armin. III. Diller, Edward, 1925–
PC2117.T64   448'.6'421   78-24235
ISBN 0-393-09005-1 paper
ISBN 0-393-01199-2 cloth

1 2 3 4 5 6 7 8 9 0

TABLE OF CONTENTS

Preface

Two assumptions underlie the creation of this book: first, that
there is written material available which first- or beginning
second-year French students can and want to read; and second,
that a short anecdote or a cartoon can become the basis for
extensive development of oral and written language skills. We
believe that there is a good deal of literature for French students
which by its very nature attracts and motivates readers to purchase it for entertainment and ponder over it. The many classics
in paperback, the wealth of French pictorial magazines, comic
books, collections of jokes, current magazine articles—such
sources provide material that is amusing, relevant, entertaining,
provocative, instructive, and enlightening.

Linguists are continually trying to make students and teachers
of modern languages aware of the fact that there is, syntactically,
little difference between colloquial and literary language. If a
student can readily understand the apt answer to one of MAD
comics' stupid questions: "Les gens admiraient les dos devant
eux," he or she will have little trouble later on in comprehending
and appreciating: "Les bourgeoises admiraient son économie, les
clients sa politesse, les pauvres sa charité," in Flaubert's *Madame
Bovary*. If one uses and enjoys a foreign language in a simple
and meaningful way at first, an appreciation of its subtle con-
structs and elusive meanings must develop with time.

The ease and interest with which we have attempted to present
the contents of this reader should be an inducement for the teacher
of first-year French to begin using it soon after initial phases
of grammar have been completed. It is well known that midway
through the first year rote learning and language analysis begin to
seem a bit repetitious and perhaps even artificial. What is needed
at this point is what has been called "relevance" by students:
material and literature of genuine interest.

The authors of this reader have found it to be most effective
when introduced during the second half or at the end of the introductory year of French. But the work will serve equally well as an
introductory reader for a second-year sequence in college French.
The varied contents and the simplicity of language should quickly
draw students back into a French frame of mind without dis-
couraging them at the outset with complicated syntax and obscure
vocabulary. A third possibility is to use this reader at the end of
the first year (covering those selections through "Astérix") and
then to begin the second-year sequence with the remainder of the
book. Selections have been graded according to difficulty, but we
all know the frustrations which all too easily beset students who

are forced to plow through reading selections which are much too difficult for them, so, once again, the adoption of these selections must be done carefully and conscientiously. One should keep in mind that easier selections inspire confidence and allow for a review of introductory material, more difficult ones provide a challenge and a sense of achievement if dealt with at the appropriate time.

Having said this, we hope to counter any possible objections to our lumping together in one volume comic strips from *Peanuts* with stories by Jacques Prévert and Antoine de Saint-Exupéry. At the same time we want to arm teachers of French with a sense of authority and adventure that allows them to examine and enjoy some of the contradictions that characterize the written literature of our time.

We gratefully acknowledge the assistance of Mrs. Andrée d'Angelo who served as native language consultant, and Stephanie Duisberg who provided invaluable assistance in obtaining materials and permissions.

TO THE TEACHER

The units of this book are in large part programmatic and self-contained. The teacher may simply assign a total unit of work over a given time and expect the student to complete it at home and hand it in. On the other hand, one may consider the drills, exercises, and tests accompanying each unit as a point of departure for classroom discussion and oral practice.

For the fullest use of this book, we suggest the following procedure for most units:

1. Assign a unit for preparation.
2. Then discuss the lesson using the following techniques.

- Read a sentence aloud.
- Have the students repeat in chorus.
- Ask students questions about the sentences that require only slight transformations in response. (Example: *Un chat blanc est assis devant un trou de souris* should be followed in rapid order by questions such as *Où est le chat blanc? Qui est devant le trou?* etc.) Where pictures are involved, ask over and over again *Qu'est-ce qui se passe dans cette image? Qu'est-ce que vous voyez ici?* etc.

- After discussing the selection in detail, have students re-read the text in its entirety.
- Correct written assignments with the class.
- Have the class hand in the written assignment. Then, with all books closed, ask the questions on the work that has been handed in.
- Do not hesitate to exploit moments of special enthusiasm, interest, or insight. Do your best to sustain simple conversations in French, even where they deviate from the scheduled assignment.

The short selections chosen for this reader have an advantage as subject matter for oral practice: they can be read and *reread* with a minimum expenditure of time and effort, and they should instill a feeling of confidence, achievement, and pleasure. As studies have shown and experienced teachers have observed, motivation rather than intelligence is the *sine qua non* for the acquisition of a foreign language. At best the two go hand in hand: the excitement and adventure of learning a language, and an intelligent, systematic approach to its acquisition. Both, however, will fail to materialize if the teacher does not provide the proper climate for learning. It is with him or her that the student's ultimate success or failure resides.

Should you wish to enrich this program even more, we suggest that you make use of the vast repository of audiovisual materials available from Goldsmith's Music Shop, A/V & Language Department, 301 East Shore Road, Great Neck, N.Y. 11203; Gessler Publishing Co., Inc., 131 East 23rd St., New York, N.Y. 10010; Continental Book Co., Inc., 89-25 130th St., Richmond Hill, N.Y. 11418. These companies offer records, slides, realia, games, and books. Copies of *Peanuts* in French are available from large book and magazine stores. Last but not least are the invaluable services rendered by the French-speaking consulates located throughout the country.

L'HOMME ET LE CHIEN

Dans un paisible quartier d'une petite ville de Provence, un homme se promène un matin. C'est le printemps, il fait bon, et il flâne au hasard dans la rue presque déserte. Un petit chien le suit pas à pas.

Tout à coup un agent de police s'approche et dit: —Dites donc! Ce que vous faites n'est pas légal. Ne savez-vous pas que les chiens doivent être tenus en laisse?

L'homme ne répond pas et continue tranquillement son chemin. Le chien et l'agent le suivent.

Soudain, le policier s'emporte: —Vous m'entendez! Si vous continuez je vais vous faire un procès-verbal.

paisible   *calm, peaceful*

se promener   *to take a walk*

flâner   *to idle about, to stroll*

suivre   *to follow*
pas à pas   *step by step*

tout à coup   *suddenly*

dites donc   *look here*

doivent être   *must be*
tenus en laisse   *kept on a leash*

continuer son chemin   *to continue on one's way*

s'emporter   *to lose one's temper*

le procès-verbal   *police report*

Enfin, l'homme lui répond: —Pourquoi? Je ne fais rien de mal, monsieur l'agent, ce chien n'est pas à moi.

à moi *mine*

—Je ne vous crois pas, crie l'agent. Il est à vous, puisqu'il vous suit!

puisque *since*

—Cela ne prouve rien, dit l'autre en riant, vous me suivez bien, vous . . .

en riant *with a laugh*

A. Répondez à chaque question par une phrase complète:

1. Pourquoi l'homme est-il dans la rue?

_____

2. Qui le suit?

_____

3. Est-il contre la loi d'avoir un chien?

_____

4. L'agent est-il furieux contre l'homme?

_____

5. Pourquoi l'agent pense-t-il que le chien est à l'homme?

_____

6. Qui va contre la loi—l'homme, le chien, ou l'agent?

_____

B. *Vrai* ou *Faux*:

_____ 1. Le petit village du conte est en Italie.

_____ 2. La loi dit qu'un chien doit être tenu en laisse.

_____ 3. L'homme ne répond jamais à l'agent de police.

_____ 4. L'homme pense que le chien est l'agent de police.

_____ 5. L'homme répond en riant.

C. Discussion: oralement ou par écrit.

1. Quel est votre animal favori?
2. D'après le texte, est-ce que l'homme est intimidé par l'agent? Le traite-t-il avec respect?
3. Comment parlez-vous aux agents?
4. Dans votre ville doit-on tenir les chiens en laisse dans les parcs et les jardins publics? Que pensez-vous de cette idée?

DIFFICULTÉS DE COMMUNICATION

Greg Williamson est un jeune Américain de passage à Paris, la capitale de la France, qu'il désire visiter depuis long-temps. Malheureusement il a une petite difficulté: il ne parle pas un mot de français.

jeune *young*
de passage *traveling*

malheureusement *unfortunately*
le mot *word*

Il loue donc une chambre dans un hôtel modeste, où il prend aussi ses repas quotidiens.

louer *to rent*
quotidien *daily*

Le premier jour, un Français d'âge mûr s'assied à sa table et lui dit aimablement: «Bon appétit.» «Greg Williamson,» lui répond l'Américain avec un petit signe de tête.

d'âge mûr *middle aged*
s'asseoir *to sit down*

La même scène se répète les jours suivants, pendant une semaine, quand enfin notre voyageur apprend que «Bon appétit» n'est pas un nom propre.

Le lendemain, il entre dans la salle à manger, se dirige vers sa table habituelle, et lance en souriant: «Bon appétit, monsieur.» «Greg Williamson,» lui répond le Français avec un sourire aimable.

le lendemain *the next day*
la salle à manger *dining room*
se diriger *to head for*
lancer *to put forth*

le sourire *smile*

A. Répondez aux questions par des phrases complètes:

1. Qui est Greg Williamson? _____

2. Où est-il? _____

3. Est-ce qu'il parle français? _____

4. Quelle difficulté a-t-il? _____

5. Qui est assis à sa table? _____

6. Comment Greg Williamson répond-il à l'expression «bon appétit?»

   _____

7. Quelles difficultés le Français a-t-il avec la langue?

   _____

B. Trouvez l'*antonyme*.

   Bon appétit, *monsieur.* →Bon appétit, *madame.*

1. L'Américain est très *vieux*. _____

2. *Heureusement*, il fait mauvais. _____

3. C'est le *dernier* jour de la semaine. _____

4. Le *jour précédent* est mardi. _____

C. Trouvez l'expression convenable.

1. La salle où on prend les repas s'appelle la _____.

2. Le mot qui indique « chaque jour »: _____.

3. Paris est la _____ de la France.

4. L'adjectif pour « difficulté » est _____.

A.

B.

E.

C.

D.

F.

G.

7

D. Complétez les phrases en employant la forme correcte du verbe:

1. Greg ne (parler) _____ pas français.

2. Ils (être) _____ dans la salle à manger.

3. Paris (être) _____ la capitale de la France.

4. Le Français (entrer) _____ dans l'hôtel.

5. Le jeune Américain (avoir) _____ une difficulté.

6. (avoir) _____-vous des difficultés en français?

7. Nous (parler) _____ français en classe.

E. Voici quelques dictons français. Regardez les dessins à page 7, et choisissez l'animal qui correspond à l'expression.

_____ 1. Gourmand comme un chat.   **gourmand** *greedy*

_____ 2. Têtu comme une mule.   **têtu** *stubborn*

_____ 3. Lent comme une tortue.

_____ 4. Fier comme un paon.   **fier** *proud*

_____ 5. Malin comme un singe.   **malin** *mischievous*

_____ 6. Sale comme un cochon.

_____ 7. Bête comme une oie.

·

Réponses: 1. c, 2. b, 3. e, 4. a, 5. f, 6. g, 7. d.

CHEZ LE GARAGISTE

Un retraité va chez un garagiste.

—Je voudrais acheter une voiture qui marche bien et qui ne soit pas trop chère.

—Je crois que j'ai ce qu'il vous faut. Tenez, celle-ci. Le moteur est neuf et je peux vous assurer qu'elle fait du 175.

—Qu'est-ce que ça veut dire «faire du 175»?

le garagiste *mechanic*

le retraité *retired person*

je voudrais *I would like*
cher *expensive*

ce qu'il vous faut *what you need*
tenez *here, listen*
fait du 175 *goes 175 km per hour*

veut dire *means*

9

—C'est simple. Prenons un exemple. Si vous partez de Paris à onze heures du soir, vous arrivez à Rouen à minuit.

—Ah! bon, je vais en parler à ma femme.

Deux semaines plus tard, le garagiste rencontre le même retraité.

tard *late* (**plus tard** *later*)

—Alors, vous l'achetez cette voiture?

—En fait, j'en ai parlé à ma femme. Elle m'a dit: mais qu'est-ce que nous irions faire à Rouen à minuit?

en fait *as a matter of fact*

nous irions *we would go*

A. Complétez les phrases suivantes:

1. Le mécanisme à l'intérieur d'une auto s'appelle _____.

2. Un _____ est une personne qui ne travaille plus.

3. Le synonyme d'auto est _____.

4. Une personne qui répare et vend les autos est un _____.

B. Trouvez *l'antonyme*:

Le moteur est très *vieux*. →Le moteur est très *neuf*.

1. Je voudrais *vendre* cette voiture._____.

2. Cette bicyclette marche *mal*. _____.

3. La Mercédès est *bon marché*. _____.

4. Nous arrivons *tôt* en classe. _____.

C. Répondez *vrai* ou *faux*.

_____ 1. Le garagiste va à Rouen.

_____ 2. Le retraité veut acheter une auto.

_____ 3. Le garagiste a une voiture spéciale.

_____ 4. Le retraité sait ce que «fait du 175» veut dire.

_____ 5. Le retraité n'est pas très intelligent.

_____ 6. Le retraité et sa femme achètent la voiture.

D. Répondez aux questions par des phrases complètes:

1. Où va le retraité?_____

2. Quelle sorte de voiture veut-il? _____

3. Quelle vitesse atteint la voiture du garagiste? _____

4. À qui le retraité parle-t-il de la voiture? _____

5. Quel est l'exemple que le garagiste donne au retraité?

   _____

6. Est-ce que le retraité comprend cet exemple? _____

7. Que dit la femme du retraité? _____

E. Racontez l'histoire à un ami.

F. Voici quelques modes de transport. Écrivez une phrase originale avec chaque expression.

l'avion _____

le train _____

le bateau _____

l'autobus _____

la bicyclette _____

le métro _____

le taxi _____

le cheval _____

la motocyclette _____

le chameau_____

à pied _____

G. Répondez aux questions par des phrases complètes:

1. Aimez-vous voyager en train? Pourquoi?

   _____

2. Peut-on voyager en train aux Etats-Unis pendant des jours entiers sans quitter le pays?

   _____

3. Combien de temps faut-il pour aller en train de la Californie à New York?

   _____

4. Combien de temps par avion?

   _____

5. Que préférez-vous—le train ou l'avion? Pourquoi?

   _____

6. Comparez les avantages des voyages en train à ceux des voyages en avion ou en auto.

   _____

   _____

SEMPÉ

Jean-Jacques Sempé, dont les dessins se trouvent dispersés dans notre livre, est un des dessinateurs humoristiques les plus connus en France.

dont *whose*   **le dessin** *drawing*
se trouver *to be found*
le dessinateur *cartoonist*
le plus connu *the best known*

Né à Bordeaux en 1932, il commence sa carrière dans la grande presse en 1957 et a beaucoup de succès grâce à sa collaboration régulière de PARIS-MATCH, PUNCH, L'EXPRESS, PILOTE, etc.

né *born*

Certains pensent que Sempé est un visionnaire du XXème siècle, un accusateur public, un moraliste, et même un élément subversif. Et cependant, ses idées sont simples et frappantes. Elles nous donnent toute une philosophie de la vie et laisseront un document imagé des moeurs de notre temps aux générations futures.

certains *some*
siècle *century*
cependant *however*
frappant *striking*
laisser *to leave*
les moeurs *customs, morals*

A. Complétez les phrases suivantes par les mots convenables.

1. Jean-Jacques Sempé est un _____ humoristique.

2. Il est né à _____ en 1932.

3. Les _____ de Sempé sont dispersés dans notre livre.

4. Ses idées sont _____.

5. Elles nous donnent un document _____ des moeurs de notre temps.

B. Trouvez l'*antonyme*.

Il est *né* en France.→Il est *mort* en France.

1. C'est un des dessinateurs *les moins connus*. _____

2. Ses idées sont très *compliquées*. _____

3. Il laisse ses dessins aux générations *passées*. _____

13

C. Suivez le modèle.

Sempé fait des dessins. →Sempé fait *beaucoup de* dessins.

1. Nous avons des documents imagés. _____

2. Il y a un dessinateur amusant en France. _____

3. Il a des idées intéressantes. _____

— Je t'ai déjà dit de te démaquiller
avant de les gronder!

déjà *already*   **démaquiller** *to take off one's make-up*
le clown *clown*   **gronder** *to scold*
le cirque *circus*   **rire** *to laugh*
                            faire la vaisselle *to do the dishes*

A. Décrivez les images en utilisant le vocabulaire convenable.

B. Trouvez l'antonyme:

       maquiller   après   pleurer   pas encore

C. Complétez les phrases suivantes par les mots convenables.

1. Les enfants _____ devant leur père.
2. Le père est habillé en _____ .
3. Il travaille sans doute dans un _____ .
4. La mère est occupée, elle fait la _____ .
5. Les parents _____ souvent les enfants.

L'AUTOMOBILE

En France il y a beaucoup d'automobiles. Louis Renault et André Citroën ont été les premiers à fabriquer des véhicules en série au début du vingtième siècle. Aujourd'hui la production d'automobiles continue à contribuer énormément à l'économie nationale.

fabriquer en série *to mass produce*
au début *at first, at the beginning*

Les Français aiment bien se déplacer en automobile. Le conducteur français parcourt chaque année 13,000 kilomètres en moyenne et consacre à son auto 12% de son budget (environ 5,000 francs). Malgré les taxes, le prix de l'essence très élevé et les limitations de vitesse, le Français reste attaché à ce mode de transport.

se déplacer *to move*
parcourir *to travel*
en moyenne *on an average*
malgré *despite*
l'essence *gasoline*

Les Français aiment aussi aller à pied mais seulement lorsqu'ils n'ont pas assez d'argent pour s'acheter une auto. Voici une image qui représente une belle voiture.

UN MODÈLE SPORT

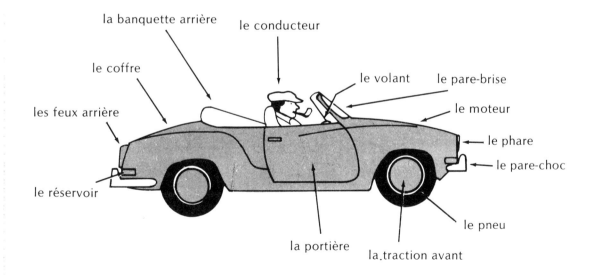

la banquette arrière — le conducteur — le coffre — le volant — le pare-brise — les feux arrière — le moteur — le phare — le réservoir — le pare-choc — la portière — le pneu — la traction avant

Le moteur: 2 l de cylindrée
110 Ch à 5750 tr/mn
10 Litres aux 100 à 120 km/h

Ch = **chevaux** *horsepower*
tr/mn = **tours/minute** *r.p.m.*

17

A. Questions: répondez par des phrases complètes.

1. Quels sont les premiers fabricants de voitures françaises en série?

   _____

2. Comment s'appelle celui qui conduit l'auto? _____

   _____ _____

3. A quoi consacre-t-il 12% de son budget? _____

4. Est-ce que l'automobile est le seul mode de transport? Nommez-en d'autres.

   _____

5. Combien de kilomètres un conducteur français parcourt-il chaque année?

   _____

6. Quels sont les inconvénients de la voiture? _____

7. Donnez deux synonymes d'automobile. _____

B. Voici un petit test. Que feriez-vous dans chaque situation? Les réponses sont à la fin de l'exercice.

1. Quand vous voyez un feu rouge . . .
   a. vous accélérez
   b. vous vous arrêtez

2. Avant de mettre la voiture en marche . . .
   a. vous attachez votre ceinture de sécurité
   b. vous buvez une bouteille de vin

3. Quand vous entendez le klaxon de la police derrière vous . . .
   a. vous accélérez immédiatement
   b. vous vous arrêtez et vous montrez votre permis de conduire

4. Si vous voyez que la limite de vitesse est de 55 km/h . . .
   a. vous la dépassez
   b. vous obéissez à la loi

5. Quand vous arrivez à un tournant . . .
   a. vous klaxonnez
   b. vous ralentissez

6. Quand il y a beaucoup de circulation . . .
   a. vous allez plus vite pour en sortir
   b. vous conduisez avec beaucoup de prudence

7. Pour conduire, vous avez besoin d' . . .
   a. un permis de conduire
   b. un passeport

Réponses: 1.b, 2.a, 3.a, 4.b, 5.b, 6.b, 7.a

C. Complétez les phrases suivantes en utilisant le vocabulaire du texte.

1. Le _____ est la personne qui conduit la voiture.

2. Pour entrer dans la voiture j'ouvre la _____.

3. Les passagers mettent leurs bagages dans le _____.

4. Quand Madame Richard conduit la nuit, elle allume _____.

5. Nous achetons de l'essence et nous la mettons dans _____.

6. Le conducteur garde ses deux mains sur _____ quand il conduit.

D. Voici quelques signes routiers. Choisissez l'expression qui correspond à chaque signe:

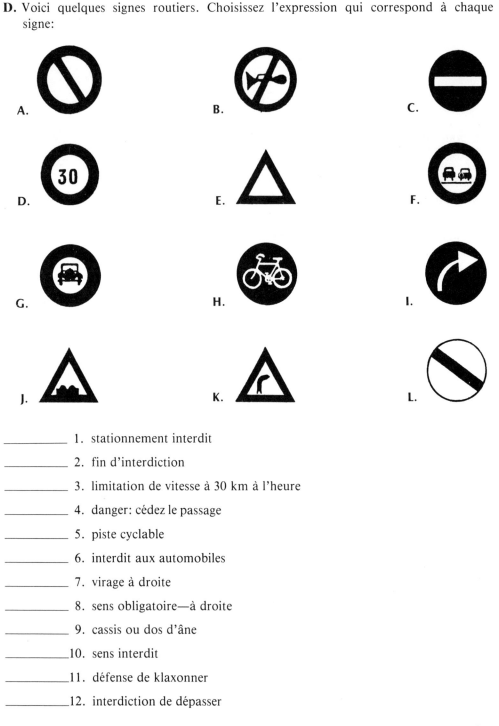

_____ 1. stationnement interdit

_____ 2. fin d'interdiction

_____ 3. limitation de vitesse à 30 km à l'heure

_____ 4. danger: cédez le passage

_____ 5. piste cyclable

_____ 6. interdit aux automobiles

_____ 7. virage à droite

_____ 8. sens obligatoire—à droite

_____ 9. cassis ou dos d'âne

_____10. sens interdit

_____11. défense de klaxonner

_____12. interdiction de dépasser

Réponses: 1.A.; 2.L.; 3.D.; 4.E.; 5.H.; 6.G.; 7.K.; 8.I.; 9.J.; 10.C.; 11.B.; 12.F.

20

LE PAYSAN

le paysan   *farmer*

Un citadin endimanché conduit sa voiture lentement dans la campagne: il est perdu. Au bout d'une heure il rencontre enfin un paysan, la bêche sur l'épaule. Il s'arrête et engage le dialogue suivant:

le citadin   *city-dweller*
endimanché   *in Sunday attire*
conduire   *to drive*
perdu   *lost*
la bêche   *spade*
s'arrêter   *to stop*

—Dites-moi, je vous prie, si je suis sur la route de Valence.

je vous prie   *please*

—Je ne sais pas.

—Y a-t-il une autre ville près d'ici?

—Je n'en sais rien. . . .

—Et cette route, où conduit-elle?

—Aucune idée. *aucune not any*

—Dites donc, il y a longtemps que vous habitez ici?

—J'y suis né, monsieur, il y a quarante-six ans. *né born (le verbe naître)*
il y a ago

—Pas possible! Et vous ne connaissez même pas les *connaître to know*
routes de votre village! Vous n'êtes pas très intelligent.

Étonné, le paysan se tait quelques secondes. Il regarde *étonné surprised*
alors l'étranger d'un air malin et lui répond. *se taire to be silent*

—Peut-être . . . mais moi, je ne me suis jamais perdu!

A. Trouvez l'*antonyme:*

parler→se taire

1. trouver _____   3. mourir _____

2. commencer_____   4. demander _____

B. Trouvez les adjectifs qui correspondent aux substantifs suivants:

le dimanche→endimanché

1. l'intelligence _____   3. la naissance _____

2. la lenteur _____   4. la possibilité_____

5. l'étonnement _____

C. Répondez *vrai* ou *faux*:

_____ 1. Un citadin conduit sa voiture dans une grande ville.

_____ 2. Il rencontre un paysan au bout d'une heure.

_____ 3. Le voyageur va à Lyon.

_____ 4. Le paysan habite dans la campagne.

_____ 5. Le paysan ne s'est jamais perdu.

D. Répondez aux questions suivantes par des phrases complètes:

1. Où habite le paysan? _____

2. Qui rencontre-t-il? _____

3. Sait-il la direction de Valence? _____

4. Quel âge a-t-il? _____

5. Connaît-il les routes de son pays? _____

_____

6. Que répond-il au voyageur? _____

_____

L'INSPECTEUR ET LA PARISIENNE

Vous est-il arrivé quelquefois de commettre en pensée le «crime parfait?» Ce n'est pourtant pas si facile. Voici l'histoire d'une certaine personne, une jolie Parisienne blonde, qui croyait bien l'avoir réussi. Elle avait cependant oublié un petit détail. Essayez de le trouver.

quelquefois *sometimes*
en pensée *in thought*

réussir *to succeed*
trouver *to find*

Chaque soir, Jeanne Dubois a l'habitude d'écouter la radio dans son appartement confortable. C'est un poste d'un modèle ancien mais d'un volume suffisant pour que les voisins l'entendent sans se plaindre.

le poste *set*

se plaindre *to complain*

Le soir du crime, à neuf heures et demie précises, la jeune femme laisse donc sa radio en marche, sort de chez elle sans être vue et saute dans sa Renault. Là, elle reprend la même station, qu'elle écoute attentivement pendant le trajet. Tout se passe bien, et à dix heures le crime est consommé.

sauter *to jump*

le trajet *journey, drive*

De retour chez elle, une demi-heure plus tard, elle écoute brièvement la fin de l'émission et va se coucher.

une émission *broadcast*

Quand, le lendemain matin, le célèbre inspecteur de police Poujol vient lui poser quelques questions, son alibi est prêt. Très calme et sûre d'elle, Jeanne Dubois répond qu'elle n'a pas quitté sa chambre et qu'elle est restée aux écoutes toute la soirée. D'ailleurs, pour le prouver, elle peut raconter au complet toute l'émission de la veille.

être aux écoutes *to be listening*

la veille *the night (or day) before*

Alors, à sa grande surprise, l'inspecteur l'arrête sur le champ et la conduit en prison. Pourquoi?

sur le champ *at once*

Etes-vous étonné, vous aussi, ou bien avez-vous déjà deviné le défaut de ce crime «presque parfait?»*

deviner *to guess*

*La solution est à la fin de l'exercice.

A. Répondez aux questions suivantes par des phrases complètes:

1. Dans quelle ville se passe le crime? _____

2. Comment s'appelle la Parisienne? _____

3. À quelle heure sort-elle de son appartement?

   _____

4. Quel genre d'auto a-t-elle?_____

5. À quelle heure le crime est-il commis? _____

6. L'inspecteur lui pose des questions parce qu'il la trouve belle. _____

7. L'inspecteur demande à Jeanne Dubois d'aller au cinéma avec lui.

   _____

8. Que fait l'inspecteur à la grande surprise de la Parisienne?

   _____

9. Où la conduit-il? _____

10. Pourquoi le crime n'est-il pas parfait?_____

B. Utilisez chacune des expressions suivantes dans une phrase originale:

1. avoir l'habitude _____

_____

2. sur le champ_____

_____

3. à la grande surprise_____

C. *Vrai* ou *Faux*:

_____ 1. La Parisienne s'appelle Mademoiselle Poujol.

_____ 2. Elle a un grand appartement à Marseille.

_____ 3. Elle commet un crime presque parfait.

_____ 4. Jeanne Dubois change d'émission dans son auto.

_____ 5. Son crime est commis à dix heures et demie.

_____ 6. L'inspecteur lui pose des questions parce qu'il la trouve belle.

_____ 7. L'inspecteur demande à Jeanne Dubois d'aller au cinéma avec lui.

Solution: Au moment où le crime était commis, il y avait une panne d'électricité qui a duré environ une demi-heure. Donc personne ne connaît la fin de l'émission.

COMMENT RÉPONDRE AUX QUESTIONS IDIOTES

Illustré et écrit par Al Jaffee

Trouvez-vous insupportables les gens qui posent des questions ridicules?

    Beaucoup de questions, en effet, ne sont pas nécessaires. Nous vous conseillons d'ignorer celles que vous jugez oiseuses ou inutiles. Faites mieux: répondez sur un ton sarcastique. Essayez, vous en êtes capable. Il vous faut seulement un peu d'humour, de courage et d'entraînement. Vous me comprenez? Bien.

    Étudiez les situations suivantes et apprenez nos réponses par coeur. Écrivez ensuite la vôtre dans le cadre indiqué. Allez-y. Faites-vous la main. Vous trouverez très vite votre propre style et surprendrez vos amis par la rapidité et l'originalité de vos réparties.

les gens *people*

conseiller *to advise*
oiseuse *trivial, useless*
il vous faut *you need*
un entraînement *training*

apprendre par coeur *to memorize*
le cadre *square*
se faire la main *to get one's hand in*

—Non, je freine toujours comme ça.

—Non, je m'entraîne.

—Non, je veux devenir marchand de ferraille.

— ?

freiner *to brake*

le marchand de ferraille *junk dealer*

se faire mal   *to hurt oneself*

—Non, je pratique la samba.

—Non, le médecin m'a dit de faire de la gymnastique.

le médecin   *doctor*

—Non, il faut que j'aille aux toilettes.

il faut que j'aille   *I've got to go*

— ?

la queue   *line*

—Non, c'est le commencement. Nous allons à reculons.

à reculons   *backwards*

—Non, d'où vous est venue cette idée?

—Non, c'est le train rapide de Paris. Je suis le wagon-frein.

le wagon-frein   *caboose*

— ?

—Non, il se repose avant son match de boxe de ce soir.

se reposer   *to rest*

—Non, il est acteur et il répète son nouveau rôle.

répéter   *to rehearse*

—Non, il fait une sieste qui durera environ quatre semaines.

faire la sieste   *to take a nap*
durer   *to last*

— ?

—Non, j'ai pris un raccourci en passant par les égouts.

le raccourci   *shortcut*
les égouts   *sewers*

—Non, je prends toujours un bain habillé.

prendre un bain   *to take a bath*

—Non, je suis en train de fondre.

fondre   *to melt*

— ?

—Non, nous marchons en crabe.

marcher en crabe *to walk sideways*

—Non, nous sommes stationnaires, c'est vous qui descendez.

—Non, c'est une cabine de téléphone. Nous voulons voir combien de personnes elle peut contenir.

la cabine *booth*

— ?

le bureau *office*

—Non, on a eu une réunion du club des nudistes cet après-midi.

—Non, je ne voulais pas salir ton tapis.

salir *to dirty*

—Non, samedi nous allons présenter «La mort d'un commis voyageur.» Je m'exerce.

le commis voyageur *traveling sales-man*

—?

32

—Est-ce que je ferais ça avec n'importe quelle femme?

—Non, mais avec un peu de temps je vais apprendre.

—Non, d'où te vient cette idée? Je veux seulement savoir combien de temps ça prend pour arriver en bas.

— ?

je ferais *I would do*
n'importe quelle *any*

le saut des amants *lovers' leap*

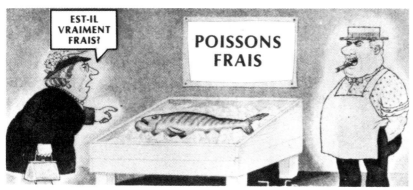

le poisson *fish*

—Non, il en a l'air seulement.

—Non, vous ne le sentez pas?

—Non, c'est que je ne sais pas écrire «pourri.»

— ?

sentir *to smell*

pourri *rotten*

Exercice: Décrivez chaque image en utilisant le vocabulaire convenable.

«CHÈRE MIMI»*

Les Américains aiment bien lire les lettres écrites à «Dear Abby» et à Ann Landers. Ces lettres sont intéressantes, amusantes et quelquefois même émouvantes. Les Français aussi aiment lire les problèmes des autres! En France ces lettres, qui paraissent dans certains journaux et revues, s'appellent «le courrier du coeur.» Voici quelques lettres françaises et les réponses. Êtes-vous d'accord avec les conseils?

> Chère Mimi,
>   Je suis un célibataire de 24 ans et j'habite toujours avec mes parents. Je suis grand et beau et mes amis trouvent même que je ressemble à Robert Redford. J'adore les sports et le théâtre et j'aime beaucoup la compagnie des femmes. Les vieilles personnes, les animaux, et les enfants m'adorent. je viens d'une bonne famille, fume la pipe, et bois avec modération. Vous me demandez quel est mon problème? Je me sens seul. Je refuse de m'associer aux femmes légères et les jeunes filles m'aiment comme un frère. J'ai plus de «soeurs» qu'il y a d'élèves dans un couvent. Qu'est-ce qui ne va pas?
>
> «Toujours Seul»
>
> Cher Toujours,
>   Ou votre description est fausse, ou vous êtes sur la fausse voie.

*New words are listed in the Vocabulary section.

A. Questions:

1. Quel est l'âge de ce jeune homme? _____

2. Décrivez-le. _____
   _____

3. Qu'est-ce qu'il aime faire?_____

4. Est-ce qu'il boit beaucoup? _____
   _____

5. Comment les jeunes filles l'aiment-elles? _____
   _____

6. Aime-t-il les femmes légères? _____
   _____

7. Qu'est-ce que Mimi lui répond? _____
   _____

B. Choisissez *a, b, c,* ou *d* pour compléter les phrases suivantes:

1. Les Américains aiment bien lire des lettres _____.
   a. faciles
   b. stupides
   c. écrites en anglais
   d. intéressantes et amusantes

2. En France ces lettres s'appellent _____.
   a. Dear Abby
   b. Toujours Seul
   c. le courrier du coeur
   d. Ann Landers

3. L'homme qui a écrit cette lettre _____.
   a. est petit et déteste les animaux
   b. a beaucoup d'amis
   c. habite tout seul
   d. habite toujours avec ses parents

4. Les vieilles personnes _____.
   a. trouvent qu'il est trop jeune
   b. l'àdorent
   c. adorent les animaux
   d. ont peur de lui

5. Cet homme _____.
   a. n'aime pas les femmes légères
   b. a beaucoup de soeurs
   c. a un frère
   d. habite dans un couvent

6. Son problème est_____.
   a. qu'il a trop de soeurs
   b. que ses parents le détestent
   c. qu'il ne fume pas les cigarettes
   d. qu'il se sent seul

7. Mimi pense _____.
   a. qu'il a raison
   b. que sa description est peut-être fausse
   c. qu'il devrait quitter ses parents
   d. qu'il devrait boire plus de vin

Chère Mimi,

Vous allez sans doute penser que je suis un monstre. Mais j'ai 16 ans et je déteste mes parents, surtout ma mère. Elle est si vieux jeu que c'est ridicule. Elle choisit tous mes vêtements et me dit quelle coiffure me va ou non. Je suis la seule fille de l'école qui ne soit pas maquillée! Elle ne pense qu'à ma réputation. Quant à mon père il ne dit rien, elle le mène par le bout du nez. A cause de cela je n'ai pas d'amis intéressants. Ne suggérez pas que je discute ce sujet avec elle: elle me fait toujours de longs sermons! J'aimerais bien avoir une autre mère!

«Dominée Par Sa Mère»

Chère Dominée,

Ne vous découragez pas! Votre mère a plus d'expérience que vous et vous aime sûrement. Un jour vous lui serez plus reconnaissante.

A. Questions:

1. Quel est l'âge de la jeune fille? _____
   _____

2. Aime-t-elle ses parents? _____
   _____

3. Comment est sa mère? _____
   _____

4. Qui choisit tous ses vêtements et sa coiffure?_____
   _____

5. Que fait son père? _____
   _____

6. Est-ce que la jeune fille peut discuter ce sujet avec sa mère?
   _____

7. Quel est le conseil de Mimi?
   _____

B. Complétez les phrases suivantes:

1. La jeune fille écrit une lettre _____.
   a. à sa mère
   b. parce qu'elle veut une autre coiffure
   c. parce qu'elle n'aime pas sa mère
   d. à son ami

2. La mère de la jeune fille _____.
   a. a 16 ans
   b. est très à la mode
   c. aime tous les amis de sa fille
   d. est si vieux jeu que c'est ridicule

3. C'est la seule fille qui _____.
   a. ne soit pas maquillée à l'école
   b. ait une coiffure à la mode
   c. ne discute pas avec sa mère
   d. ait des amis intéressants

4. Elle ne peut pas discuter le sujet avec sa mère parce que sa mère_____.
   a. veut une autre fille
   b. ne parle pas français
   c. lui fait toujours de longs sermons
   d. est toujours d'accord avec elle

5. Le père de la jeune fille_____.
   a. cherche une autre femme
   b. est dominé par la mère
   c. travaille dans une école
   d. fait de longs sermons

6. Mimi lui conseille _____.
   a. de chercher une mère dans les journaux
   b. de trouver une mère avec plus d'expérience
   c. de se taire et d'apprécier sa mère
   d. de ne pas se décourager

C. Activité:

Ecrivez un «courrier du coeur» à «Chère Mimi» en français et puis écrivez une réponse avec des conseils!

Chère Mimi,

Depuis quelques jours ma vie est un enfer. Il y a un jeune homme qui m'aime mais moi je le déteste. Il me donne rendez-vous, je refuse. Il demande à quelle heure je sors de l'école, je mens. Il me suit toujours. Hier il m'attendait devant l'école avec des fleurs à la main. Trouvez-moi une solution pour qu'il ne m'embête plus et surtout ne publiez pas mon nom car si mes parents savaient, ils me tueraient. Répondez-moi vite et je promets de suivre vos conseils à la lettre!

«Désespérée»

Chère Désespérée,

Rassurez-vous, vos parents ne vous tueront pas. Vous voulez vous débarrasser de lui? C'est simple. Ne sortez jamais seule de l'école et ignorez-le complètement.

A. Questions:

    1. Pourquoi la vie de la jeune fille est-elle un enfer?

    _____

    2. Que fait-elle quand le jeune homme lui donne rendez-vous?

    _____

    3. Est-ce qu'elle lui dit la vérité?

    _____

    4. Que fait-il après l'école?

    _____

    5. Veut-elle que ses parents le sachent?

    _____

    6. Est-ce que «Désespérée» est son vrai nom?

    _____

    7. Que lui répond Mimi?

    _____

B. *Vrai* ou *Faux*:

    _____ 1. La jeune fille n'aime pas du tout le jeune homme.

    _____ 2. Elle accepte toujours ses rendez-vous.

    _____ 3. Elle sort avec lui après l'école.

    _____ 4. Elle ne veut pas que son nom soit publié.

    _____ 5. Elle veut que ses parents le sachent.

    _____ 6. Mimi suggère d'ignorer le jeune homme.

C. Discussion: oralement ou par écrit.

    1. Que pensez-vous des conseils de ces trois lettres?
    2. À qui les Français et les Américains demandent-ils des solutions à leurs problèmes?
    3. Trouvez-vous les problèmes sentimentaux des autres intéressants? Pourquoi?

MAXIME LE FORESTIER

Maxime Le Forestier est un jeune chanteur contestataire. Ses chansons parlent surtout de l'amour, de la guerre, et de la vie—«Mon Frère,» «Comme un Arbre,» «Marie, Pierre, et Charlemagne.» En ce moment il a beaucoup de succès auprès du jeune public français.

Les chansons de Maxime Le Forestier reflètent ses sentiments envers l'armée, la police, les institutions, la société de consommation, l'intolérance et la violence. Le chanteur de la subversion ne redoute qu'une chose: l'embourgeoisement. —«La réussite, explique-t-il, est dangereuse. Mais il faut choisir: rester honnête avec soi-même ou accepter la gloire et l'argent, avec les risques.» Pour la gloire, il dit que ses amis l'ont empêché d'avoir la grosse tête.—«J'ai acheté un camion à ma soeur pour qu'elle vienne de Marrakech avec des musiciens marocains. Je n'ai pas tellement de besoins. . . .»

la chanson *song*

envers *towards*

la consommation *consumption*

l'embourgeoisement *becoming suburban, middle class*
la réussite *success*
soi-même *oneself*

l'ont empêché *kept him from*
avoir la grosse tête *to have things go to your head*

41

Et de fait, Maxime ne vit pas comme une vedette. Il n'a qu'une secrétaire et sa mère répond à son courrier. Il passe le plus clair de son temps seul, à écrire des chansons pour lui et pour d'autres chanteurs—Julien Clerc, Reggiani, Diane Dufresne.

de fait *in fact*
la vedette *movie star*
le plus clair de *the best part of, most of*

Dans sa maison proche de la Bastille, Maxime, 27 ans, vit seul avec sa chienne Misère. Il a fait deux ans de service militaire, mais aujourd'hui il chante l'antimilitarisme.

vivre *to live*

A présent, Maxime est en plein succès et jouit d'une grande célébrité.

en plein *at the height of*
jouir de *to enjoy*

A. Questions: Répondez par des phrases complètes.

1. Que reflètent les chansons de Maxime Le Forestier?

_____

2. Que redoute-t-il? _____

3. D'après Maxime Le Forestier que faut-il choisir dans la vie?

_____

4. Qu'a-t-il fait pour sa soeur? _____

5. Comment vit-il? _____

6. Quel âge a-t-il? _____

Marie, Pierre, et Charlemagne

Marie s'éveille
S'ensommeille
Pourtant
Marie se lève
Bonne élève
Enfant

s'éveiller *to awaken*
s'ensommeiller *to get sleepy*

Prend son cartable   le cartable   *satchel*
Sur la table
Et sort
Ses yeux picotent   picoter   *to tingle*
Papillottent   papillotter   *to blink*
Encore

Marie, c'est bien Charlemagne
Qui t'a fait lever si tôt
Marie, maudis Charlemagne   maudire   *to curse*
Souffle une voix dans son dos

Et Marie cueille   cueillir   *to pick*
Quelques feuilles
Jaunies
Rencontre Pierre
Sur le lierre   le lierre   *ivy*
Assis   assis   *seated*

Marie paresse   paresser   *to idle*
Puis caresse
Sa joue
S'assied par terre
Près de Pierre
Et joue

Marie, bénis Charlemagne   bénir   *to bless*
Qui t'a fait lever si tôt
Marie, oublie Charlemagne
Souffle une voix dans son dos

Un jour d'école
Sans parole
C'est long
La cloche sonne
Mais l'automne
Sent bon

Marie se terre   se terrer   *to burrow*
Près de Pierre
Dehors
Marie s'éloigne
Charlemagne
Est mort.

MARIE, PIERRE ET CHARLEMAGNE

Paroles et Musique de
MAXIME LEFORESTIER

Un jour d'école
Sans parole
C'est long
La cloche sonne
Mais l'automne
Sent bon

Marie se terre
Près de Pierre
Dehors
Marie s'éloigne
Charlemagne
Est mort.

A. Questions:

    1. Que fait Marie le matin? _____

    2. A-t-elle beaucoup d'énergie? _____

    3. Où est son cartable? _____

    4. Qui l'a fait lever si tôt? _____

    5. Que cueille Marie? _____

    6. Qui rencontre-t-elle? _____

    7. Pourquoi bénit-elle Charlemagne? _____

    8. Que fait-elle après l'école?_____

    9. Que savez-vous de Charlemagne?_____

B. Décrivez Maxime Le Forestier.

PEANUTS

Charles M. Schulz

Cette bande dessinée n'a pas besoin d'introduction en France où l'on peut trouver des livres de Peanuts dans presque toutes les librairies prestigieuses. On peut les acheter aussi dans les cafés et ces bandes paraissent régulièrement dans les journaux. Pourquoi Peanuts est-il si populaire en France? C'est peut-être à cause des traits universels et humains des personnages dont la complexité, les problèmes, et les joies semblent être aussi français qu'américains.

la bande dessinée *cartoon strip*

la librairie *bookstore*
paraître *to appear*

sois *be (imperative form of être)*
sourire *to smile*
éviter *to avoid*
les caries *cavities*
le coup de soleil *sunstroke*

affranchir *to stamp*
le gnon *bop, punch*

A. Questions:

1. Que demande Lucie à Charlie Brown?
2. Quel est le conseil de Charlie Brown?
3. Que doit-elle surtout faire?
4. Quelle est la réaction de Lucie?
5. Que veut-elle faire à Charlie Brown?

B. *Vrai* ou *Faux*?

_____ 1. La vie est très simple pour Lucie.

_____ 2. Charlie Brown lui dit de ne pas fumer et ne pas trop manger.

_____ 3. Charlie Brown connaît la réponse à la question de Lucie.

_____ 4. Lucie est très contente de la réponse de Charlie Brown.

_____ 5. Elle veut embrasser Charlie Brown.

_____ 6. Charlie Brown pense que la vie n'est pas un mystère.

_____ 7. Il dit qu'il ne faut pas trop sourire.

C. Trouvez le mot approprié:

1. Quand on mange beaucoup de bonbons on a des _____ dentaires.

2. Quand on reste trop longtemps au soleil on attrape souvent un _____.

3. Un _____ est le synonyme d'un coup.

4. Le contraire de détester est _____.

5. L'adjectif pour «avoir beaucoup de vie» est _____.

LE BONHEUR ET LES FRANÇAIS

le bonheur *happiness*

Etes-vous heureux? Question compliquée. Mais la réponse est toute simple: oui, les Français sont heureux. Voici les résultats de l'enquête d'opinion menée pour *l'Express* par Dem (Développement, études et marketing).

heureux *happy*

une enquête *survey*
mener *to conduct*

Qu'est-ce qui constitue le bonheur?

D'après les Français, l'élément n° 1 c'est la santé, et les gens les plus heureux sont les médecins.

la santé *health*
le médecin *doctor*

Les deux tiers considèrent que la justice et l'égalité sont essentielles au bonheur, et la liberté ne vient qu'au troisième rang.

le tiers *third*

le rang *rank*

La famille, elle aussi, est haut placée parmi les composantes du bonheur. Mais la chance et l'engagement arrivent au dernier rang.

la chance *luck*
l'engagement *commitment*

49

Les rares personnes qui se sont déclarées malheureuses ont toujours donné à l'enquêteur une raison précise à ce malheur: un deuil, une maladie, une phase de dépression. À un autre moment leurs réponses pourraient être différentes.

malheureux *unhappy*
l'enquêteur *inquirer*
le deuil *mourning*

En somme, la majorité des Français semble satisfaite des conditions matérielles de la vie d'aujourd'hui. Mais chacun ressent bien que les conditions économiques mondiales ont changé et dépendent de plus en plus d'une certaine aisance sociale.

en somme *in short*

ressentir *to feel (emotion)*
une aisance *comfort, ease*

Interrogés sur l'avenir, les Français le prévoient encore meilleur que le présent. Conscients ou non des injustices, ils savent qu'ils vivent dans un pays privilégié.

interrogé *questioned*
l'avenir *future*
prévoir *to foresee*

Le bonheur : qu'est-ce que c'est ?

Qu'est-ce qui, à votre avis, est essentiel pour procurer le bonheur ?

- La santé .... 90,4 %
- L'amour 80
- La liberté 75,1
- La famille 73,5
- La justice et l'égalité 66
- Le travail 62,7
- L'argent 52,5
- La sécurité 51,1
- Les plaisirs de la vie et vos centres d'intérêt 49,8
- Le savoir, être instruit, cultivé 45,4
- Le confort 40,2
- Le succès personnel 33,8
- La vie spirituelle, la foi 33,2
- La chance 32,5
- L'engagement pour une cause 24

Etes-vous heureux ?

D'une manière générale, diriez-vous, vous-même, que vous êtes

- Très heureux .... 28,6 %
- Assez heureux 63,6
- Malheureux 4,6
- Ne sait pas 3,2

Qui est le plus heureux en France ?

A votre avis, parmi les groupes suivants, quels sont ceux qui sont plutôt heureux ?

LA PROFESSION	PLUTOT HEUREUX
■ Les médecins	88,9 %
■ Les cadres	78,5
■ Les enseignants	75,6
■ Les fonctionnaires	75,1
■ Les patrons d'entreprise	74,1
■ Les artistes	66
■ Les commerçants et les artisans	65,1
■ Les militaires	60,1
■ Les agriculteurs	59
■ Les employés	51,9
■ Les étudiants	40,5
■ Les retraités	28,1
■ Les ouvriers	22,7

L'AGE	PLUTOT HEUREUX
■ Les moins de 18 ans	61,2 %
■ Les 18-30 ans	59,9
■ Les 31-60 ans	57,9
■ Les plus de 60 ans	29,6

LE SEXE	PLUTOT HEUREUX
■ Les hommes	72,6 %
■ Les femmes	59,3

A. Cherchez dans le texte les mots définis ci-dessous:

1. recherches sur une question douteuse: _____

2. une des trois parties égales: _____

3. profonde tristesse causée par la mort: _____

4. voir quelque chose dans l'avenir: _____

5. personne qui exerce la médecine: _____

B. Trouvez dans le texte le *contraire* des mots suivants:

1. le bonheur _____
2. simple _____
3. l'inégalité _____
4. général _____

5. jamais _____
6. la question _____
7. spirituel _____
8. le passé _____

C. Trouvez l'adjectif qui correspond à chacun des noms suivants:

interrogation—interrogé

1. complication _____
2. précision_____
3. satisfaction_____

4. monde _____
5. économie _____
6. privilège _____

D. Répondez à chaque question par une phrase complète:

1. Quel est l'élément n° 1 du bonheur pour les Français?_____
2. Quel est l'élément le moins important? _____
3. Comment les Français prévoient-ils l'avenir? _____
4. Quels sont les gens les plus heureux? _____
5. Quel âge ont-ils? _____
6. A votre avis, qu'est-ce qui constitue le bonheur? _____
7. Quels sont les gens les plus heureux aux Etats-Unis?

_____

8. Est-ce que les Français diffèrent beaucoup des Américains en ce qui concerne le bonheur? Expliquez. _____

_____

E. Menez une enquête dans votre classe pour déterminer quels sont les éléments les plus importants du bonheur. Si possible, déterminez un pourcentage.

SEMPÉ

1

2

3

4

5

6

un escrimeur *fencer*
une épée *sword*

faire de l'escrime *to fence*
sortir *to leave*
venir de derrière *come from behind*

53

A. Questions: Répondez par des phrases complètes.

1. Comment s'appelle ce sport?

2. Quelle arme ont-ils à la main?

3. Comment s'appelle la personne qui fait de l'escrime?

B. Décrivez les images en utilisant le vocabulaire convenable.

LE TESTAMENT

Dans un petit village du sud de l'Algérie un fermier vit avec ses trois fils. Déjà vieux, il sent sa mort prochaine. Il n'est pas riche, dix-sept chèvres constituent toute sa fortune. Cependant, avant de mourir, il veut faire son testament et le rédige ainsi:

«À l'aîné de mes fils, je laisse la moitié de mon troupeau, au cadet le tiers et au benjamin la neuvième part.» Un an après, il meurt, satisfait d'avoir partagé sa fortune avec justice. Les trois fils enterrent leur père en pleurant et, quelques jours plus tard, selon sa volonté, ouvrent le testament.

vivre   *to live*
la mort   *death*
la chèvre   *goat*
mourir   *to die (il meurt)*
rédiger   *to compose, to write*

l'aîné   *first-born*
le troupeau   *flock*
le cadet   *younger*
le benjamin   *youngest child*
partager   *to divide*

selon   *according to*

55

Les voici maintenant en face d'un dilemne: comment en effet répartir les dix-sept chèvres? Comment en prendre la moitié, le tiers et le neuvième? Ils sont plongés dans un profond embarras et ne savent que faire. Perplexes, ils s'asseyent devant leur maison et réfléchissent. Un sage vieillard vient à passer, tirant sa chèvre, et s'arrête devant eux. —Quelle est la cause de votre tristesse? leur demande-t-il. Si je puis vous aider, dites-le moi.

répartir *to divide*

un embarras *trouble*
le vieillard *old man*

Les trois jeunes gens le mettent alors au courant de la situation et avouent qu'ils n'y voient aucune solution. Le vieillard hoche la tête, réfléchit un moment et dit enfin: —Ce problème n'est pas vraiment compliqué. Au fond, il est même assez simple.

au courant *up-to-date*
avouer *to admit*
hocher *to nod*

—Dites-nous ce qu'il faut faire, demandent les frères, pleins de curiosité.

—Prenez ma chèvre, dit le sage et ajoutez-la aux vôtres. Vous en aurez alors dix-huit. Divisez ensuite votre héritage selon le désir de votre père et donnez-moi le reste.

ajouter *to add*

Les frères, très étonnés, font cependant ce qu'il demande. L'aîné prend sa part, la moitié, c'est à dire neuf, le cadet son tiers, ce qui fait six, et le plus jeune le neuvième du tout, c'est à dire les deux qui restent.

c'est à dire *that is to say*

Neuf et six et deux font bien dix-sept. Le sage vieillard reprend sa chèvre et continue lentement son chemin, pendant que les trois frères, pleins d'admiration, le remercient chaudement de son aide. Le partage s'est opéré comme le père l'avait prévu et le problème est résolu.

remercier *to thank*
s'opérer *to take place*
prévoir *to foresee*

A. Donnez l'infinitif des verbes suivants:

Un fermier *vit.*—vivre

1. Il *meurt* un an après. _____

2. Ils *mettent* le vieillard au courant. _____

3. Je *fais* ce qu'il me demande. _____

4. Nous *remercions* les frères. _____

5. Elle *laisse* ses animaux chez elle. _____

B. Cherchez dans le texte les mots définis ci-dessous:

1. la personne qui habite dans une ferme: _____

2. le plus jeune enfant d'une famille: _____

3. une des deux parties égales: _____

4. direction opposée au nord: _____

5. groupe d'animaux domestiques: _____

C. Choisissez la réponse correcte: (les réponses sont à la fin de l'exercice)

1. Le père rédige un testament . . .
   a. parce que les fils veulent se marier
   b. parce qu'il sait qu'il va mourir
   c. parce qu'il est très riche

2. Les frères ne savent pas comment partager les chèvres . . .
   a. parce qu'ils n'ont pas d'expérience
   b. parce que le père s'est trompé dans le testament
   c. parce qu'il leur manque une chèvre

3. Selon le testament du père . . .
   a. l'aîné a plus de chèvres que les autres
   b. le benjamin a plus de chèvres
   c. les frères ne reçoivent rien

4. Le vieillard trouve une solution et résout le problème de cette manière:
   a. il prend une des chèvres des trois frères
   b. il se sert des mathématiques
   c. il prête une chèvre aux frères

5. À la fin du conte . . .
   a. le vieillard manque de sagesse
   b. les frères perdent une chèvre
   c. tout est divisé correctement

Réponses: 1.b, 2.c, 3.a, 4.c, 5.c

D. Répondez *vrai* ou *faux*:

_____ 1. Le père n'a pas beaucoup d'argent.

_____ 2. Le père écrit un livre.

_____ 3. Le benjamin reçoit plus que l'aîné.

_____ 4. Le vieillard ne sait pas résoudre le problème.

_____ 5. Le vieillard reçoit une chèvre pour ses services.

_____ 6. Les frères ne sont pas aussi intelligents que le vieillard.

_____ 7. Les frères ne le remercient pas, parce qu'ils sont fâchés contre lui.

E. Répondez à chaque question par une phrase complète:

1. Dans quel pays se situe l'histoire?

_____

2. Pourquoi le père écrit-il un testament?

_____

3. Pourquoi les frères ont-ils un problème?

_____

4. Quelle est la part de chaque frère?

_____

5. Que fait le vieillard pour les aider?

_____

6. Est-ce que tout le monde est content de la solution du problème?

_____

VOTRE HOROSCOPE

Les étoiles ne mentent pas

CAPRICORNE (22 décembre-20 janvier)

Vous êtes bon négociant et assez matérialiste. Poursuivez ce que vous voulez avec beaucoup de concentration. Succès en amour. Vous possédez un grand sens de l'humour et vous aurez une vie heureuse.

le négociant *businessman*

VERSEAU (21 janvier-18 février)

Vous êtes très compréhensif et vous éprouvez de la compassion pour les êtres humains. Vous aimez tout le monde et l'amour pour une seule personne vous est impossible. Vous êtes romantique, poète, et intelligent.

compréhensif *understanding*
éprouver *to feel*

POISSONS (19 février-20 mars)

Vous êtes timide et mystérieux, et même compliqué. Vous désirez l'amour et une existence stable. Vous préférez l'amour à la nourriture. Vous êtes aussi patient.

BÉLIER (21 mars–20 avril)

Vous êtes un heureux optimiste. Vous entreprenez plus que vous ne pouvez terminer. Vous êtes aussi un peu impulsif. Vous avez beaucoup d'énergie et d'enthousiasme pour tout.

entreprendre *to undertake*

TAUREAU (21 avril–21 mai)

Vous êtes très persévérant et vous aimez les détails. Vous respectez la tradition et vous êtes très pratique. Vous n'êtes pas très sensible, mais vous êtes réaliste. Vous aimeriez vous marier.

sensible *sensitive*

GÉMEAUX (22 mai–22 juin)

Vous avez beaucoup de talents et une grande capacité d'invention. Vous êtes beau parleur. En réalité, vous êtes deux personnes en une. Vous préférez les intellectuels. Vous aimez étudier beaucoup et souvent. L'argent n'est pas important pour vous.

la capacité *ability*

CANCER (23 juin–23 juillet)

Vous avez besoin d'une vie stable. Vous êtes sensible et quelquefois mystérieux. Vous cherchez continuellement un partenaire idéal parce qu'il vous faut un bon mariage pour être content.

sensible sensitive

LION (24 juillet–23 août)

Vous êtes chef de groupe et dominant. Vous êtes aussi fidèle et sympathique. Vous aimez attirer l'attention et être admiré; vous êtes égocentrique, passionné en amour. Vous travaillez beaucoup et vous pouvez faire un excellent professeur.

le chef de groupe *leader*
fidèle *faithful*
attirer *to attract*

VIERGE (24 août–22 septembre)

Vous cherchez la perfection jusque dans les moindres détails. Vous êtes bon partenaire, surtout dans le mariage. Vous ne pensez pas que le sexe opposé soit inférieur, au contraire. Vous appréciez l'art et la musique. Vous êtes gourmet. Le sexe opposé ne peut résister à vos charmes.

les moindres *the least, smallest*

BALANCE (23 septembre-23 octobre)

Chaque aspect de votre vie est bien organisé. Vous êtes fidèle et sympathique. Vous n'aimez pas froisser les sentiments des autres. Vos amours sont réglées par la raison, non par le coeur. La diplomatie est votre carrière et vous avez beaucoup de charme.

froisser *to hurt*

SCORPION (24 octobre-22 novembre)

Vous ne renoncez jamais à ce que vous désirez. Vous réalisez tout ce que vous entreprenez. Vous êtes enthousiaste et énergique. Vous ne pardonnez pas facilement. Vous n'avez pas beaucoup de succès en amour parce que vous êtes extrême en tout. Beaucoup de vitalité et une philosophie réaliste. Vous aurez du succès comme agent de change.

réaliser *to fulfill*

un agent de change *stockbroker*

SAGITTAIRE (23 novembre-21 décembre)

Vous avez beaucoup de chance. Optimiste, vous avez aussi de la sagesse. Vous êtes franc et honnête mais quelquefois vous êtes impatient et vous vous fâchez. En amour vous préférez l'intellect aux émotions. Vous aimeriez voyager dans tous les pays du monde.

la chance *luck*
la sagesse *wisdom*
se fâcher *to get angry*

le pays *country*

A. Complétez les phrases suivantes en français:

1. Un Capricorne est _____.

2. Pour quelqu'un né sous le signe du Verseau l'amour pour une seule personne est

   _____.

3. En général les Poissons semblent _____.

4. Le Bélier est une personne _____.

5. Un Taureau aime _____.

6. Un Cancer a besoin de _____.

7. Si vous êtes né le 30 août, vous êtes _____.

8. En amour le Sagittaire préfère_____.

B. Faites votre horoscope en français. Utilisez les expressions «je suis» et «j'ai.» Faites la même chose pour un ami.

C. D'après le texte, trouvez un adjectif convenable pour chacun des noms suivants:

l'organisation—*organisé*

1. la fidélité _____

2. l'enthousiasme _____

3. la réalité _____

4. la compréhension _____

5. le mystère_____

6. la persévérance _____

D. Trouvez dans le texte le contraire des mots suivants:

méchant—*bon*

1. pessimiste _____

2. patient _____

3. malheureuse _____

4. stupide _____

5. simple _____

6. imparfait _____

ADOPTEZ UNE GRAND-MÈRE

La vie de famille est très importante pour les Français, et les grands-parents y ont traditionellement joué un grand rôle. Souvent ils passent toute leur vie dans la même maison que leurs enfants et petits-enfants.

jouer *to play*

Cependant, avec les temps modernes et le déplacement des familles, beaucoup de personnes âgées se trouvent seules pour la première fois. Faute de moyens, elles sont obligées de rester, l'été, enfermées dans des villes désertes, sans même l'espoir d'une visite.

cependant *however*
le déplacement *traveling*

faute de *for lack of*
moyen *means*
enfermé *shut in*

C'est alors que s'est formée l'opération «Adoptez une grand-mère.» Cette agence permet aux familles d'accueillir des personnes âgées pendant de courtes périodes ou même pendant des années! Celles-ci peuvent ainsi trouver de nouveaux amis et partager leurs vacances dans l'atmosphère chaude et affectueuse d'une famille. Elles sont très souvent pour les petits enfants des grands-parents attentifs et complices.

c'est alors que *thus*
accueillir *to welcome*

partager *to share*

complice *accomplice, member*

Voudriez-vous adopter un grand-père ou une grand-mère? C'est une idée nouvelle qui a été acceptée en France avec beaucoup d'enthousiasme. Elle offre aux personnes âgées un peu de joie, le vivre et le couvert, et met fin à leur triste isolement.

le vivre et le couvert *board and lodging*

A. Choisissez la réponse correcte:

1. Vous pouvez adopter un grand-parent_____

   a. pour garder la maison
   b. pour préparer le dîner chaque soir
   c. pendant les vacances ou des années

2. Un grand nombre de personnes âgées sont obligées de rester seules _____
   a. parce qu'elles n'ont pas de moyens
   b. parce qu'elles veulent regarder la télévision
   c. parce que leurs enfants ont disparu

3. Une famille leur offre_____
   a. beaucoup de travail
   b. une atmosphère chaude et accueillante
   c. une auto et des repas

4. Avec les petits enfants, les grand-parents sont _____
   a. professeurs
   b. attentifs et complices
   c. comme de petits enfants

5. Les grand-mères et grand-pères se trouvent seuls à cause_____
   a. des villes désertes
   b. des temps modernes
   c. de leur triste isolement

Réponses: 1.c, 2.a, 3.b, 4.b, 5.c

B. Questions: Répondez par des phrases complètes.

1. Pourquoi les personnes âgées sont-elles obligées de rester seules l'été?

_____

2. Que pouvez-vous leur offrir?

_____

3. Les personnes âgées sont-elles contentes de partager vos vacances? Pourquoi?

_____

C. Discussion: oralement ou par écrit.

1. Que pensez-vous de l'organisation «Adoptez une grand-mère»?

2. Y a-t-il une opération semblable aux Etats-Unis?

3. Est-ce que la société et le gouvernement ont une responsabilité envers les personnes âgées? Discutez.

4. Quelles sont les contributions des personnes âgées envers la société?

5. Décrivez une vieille personne de votre connaissance.

6. Dans votre ville, que peut-on faire pour améliorer la situation des personnes âgées?

D. Décrivez votre famille.

ÊTES-VOUS NÉVROSÉ?

névrosé   *neurotic*

De nos jours la plupart des gens se considèrent très intelligents et pensent en même temps que les autres sont
névrosés ou à moitié fous. Dans ce cas, évidemment, il
doit exister beaucoup de gens qui vous considèrent, cher
lecteur, oui, vous même, un peu arriéré et peut-être même
légèrement pathologique. Nous allons vous soumettre à une
petite épreuve qui peut vous aider à déterminer exactement à
quel degré vous souffrez d'une «maladie mentale.»
Soulignez la réponse qui vous semble la plus convenable et
mettez le numéro de cette réponse dans le cadre désigné.

de nos jours   *nowadays*
la plupart   *the majority*

à moitié fou   *half crazy*
dans ce cas   *if so*
il doit   *there must*
arriéré   *retarded*

soumettre   *to submit*

une épreuve   *test*

souligner   *to underline*
convenable   *acceptable*

a. J'oublie les noms de mes amis:
   1. toujours
   2. quelquefois
   3. presque jamais
   4. jamais

b. J'arrive à un rendez-vous:
   1. toujours en retard
   2. quelquefois en retard
   3. à l'heure
   4. toujours de bonne heure

□

le rendez-vous *appointment, date*

c. Je jure:
   1. au moins une fois par jour
   2. quand je suis en colère
   3. seulement quand je suis avec mes amis
   4. jamais

□

jurer *to swear*

au moins *at least*

d. Je fais mes devoirs de français:
   1. jamais
   2. rarement
   3. presque toujours
   4. toujours comme demandé

□

e. Je parle:
   1. toujours sans hésitation
   2. de préférence à haute voix
   3. en essayant d'être bref
   4. en répondant correctement à toutes questions

□

f. J'oublie mes rêves:
   1. toujours
   2. quelquefois
   3. presque jamais
   4. jamais

□

g. Mes devoirs de français:
   1. sont pleins de fautes
   2. sont originaux, mais irréguliers
   3. sont assez bien et approfondis
   4. sont presque sans fautes

□

approfondi *thorough*

h. J'ai des connaissances qui:
   1. pensent que je suis unique
   2. ne m'aiment pas
   3. demandent souvent mon avis
   4. me considèrent comme chef de groupe

□

un avis *advice*

i. Je réalise mes projets:
  1. jamais
  2. s'ils sont nécessaires
  3. presque jamais
  4. toujours

réaliser *to fulfill, to achieve*

j. Je perds mes affaires:
  1. souvent
  2. quelquefois
  3. de temps en temps
  4. jamais

les affaires *things, belongings*

de temps en temps *from time to time*

k. Au fond je pense que je suis une personne:
  1. intuitive
  2. sentimentale
  3. réaliste
  4. matérialiste

au fond *at heart*

l. Dans ma vie le destin joue:
  1. un grand rôle
  2. un rôle important
  3. un petit rôle
  4. aucun rôle

aucun *not any, any*

m. Treize est:
  1. un chiffre magique
  2. un chiffre étrange
  3. la somme de 6 et 8
  4. la somme de 7 et 6

un chiffre *number*

n. Mes parents m'ont élevé:
  1. d'une façon très libérale
  2. d'une façon complètement normale
  3. avec discipline
  4. très sévèrement

élever *to bring up*
une façon *way*

o. Cette épreuve:
  1. n'a ni queue ni tête
  2. est superficielle
  3. est intéressante
  4. n'a sans doute aucune valeur

ni queue ni tête *no sense*

valeur *value*

71

RÉSULTATS:

Maintenant comparez la somme de vos réponses avec l'analyse suivante:

15–20 points
Vous avez des tendances indubitablement schizophrènes, vous vous sentez détaché de la vie, et vous pensez que vos pensées intimes sont l'aspect le plus important de votre vie. Vous devriez employer moins de fantaisie et participer à plus d'activités physiques.

21–30 points
Vous êtes un peu névrosé, mais aussi original dans votre travail et très animé en société. Vous devriez suivre vos désirs et essayer de devenir artiste, instituteur, professeur ou acteur.

suivre *to follow*
instituteur *schoolteacher*

31–40 points
Vous êtes terriblement normal. Vous savez vous moquer des autres sans remords, regarder la télévision, et vous convertir en passionné du sport. Vous devriez vous marier jeune, avoir beaucoup d'enfants, et continuer tranquillement votre travail, parce que vous êtes ou une personne calme ou vous savez bien mentir, et dans les deux cas vous allez certainement avoir beaucoup de succès dans la vie.

se moquer de *to make fun of*
se convertir *to turn into*

mentir *to lie*

41–50 points
Vous avez des tendances à exagérer l'importance de vos obligations. La société peut bien se confier à une personne comme vous. Vous allez sans doute réussir dans la vie. Les gens vont avoir confiance en vous parce qu'on sait que vous aimez la vérité, que vous êtes logique, méthodique, bien qu'un peu obstiné et conscient de vos objectifs.

se confier à *to rely on*
sans doute *probably*
réussir *to succeed*
la confiance *confidence*

bien que *although*

51–60 points
Vous souffrez peut-être de paranoia. Vous êtes un peu mécanique dans votre travail, honnête, précis, inflexible, et trop organisé. Vous n'avez pas confiance dans les autres; parce que vous avez beaucoup d'énergie, il est possible que vos rêves se réalisent, mais sans joie. Vous n'allez jamais vous amuser dans la vie comme les personnes innocentes.

s'amuser *to enjoy*

61–75 points

Vous n'êtes pas fort en mathématiques parce que dans cette épreuve vous ne pouvez obtenir que 60 points. Vous êtes arriéré ou professeur de mathématiques ou balayeur de rue à Monte Carlo. Vous serez riche un jour. Vous passerez votre vie en prison ou à l'école primaire.

être fort en   *to be bright in*

arriéré   *retarded*
le balayeur   *sweeper*

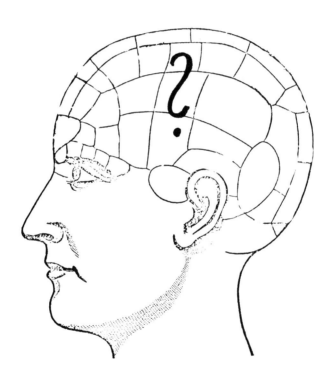

POÉSIE

Robert Desnos appartient à un groupe de poètes qu'on appelle «surréalistes.» Dans ses poèmes il mêle des images de rêve à la réalité, le lyrisme, et l'humour. Pendant la guerre et l'occupation Desnos faisait partie de la Résistance. Il est mort tragiquement dans un camp de concentration nazi en 1945, juste après sa libération par les troupes américaines. Aujourd'hui ses poèmes sont très populaires parmi les jeunes étudiants français.

appartenir *to belong to*
mêler *to mix*
le rêve *dream*
faire partie *to belong to*

LE PÉLICAN

Le capitaine Jonathan,
Etant âgé de dix-huit ans,
Capture un jour un pélican
Dans une île d'Extrême-Orient.

étant *being*

Le pélican de Jonathan,
Au matin, pond un oeuf tout blanc
Et il en sort un pélican
Lui ressemblant étonnamment.

pondre *to lay*
en sortir *to come out of*
étonnamment *astonishingly*

Et ce deuxième pélican
Pond, à son tour, un oeuf tout blanc
D'où sort, inévitablement,
Un autre qui en fait autant.

à son tour *in turn*
en fait autant *does as much, likewise*

Cela peut durer pendant très longtemps
Si l'on ne fait pas d'omelette avant.

durer *to last*

LE DERNIER POÈME

J'ai rêvé tellement fort de toi,
J'ai tellement marché, tellement parlé,
Tellement aimé ton ombre,
Qu'il ne me reste plus rien de toi.
Il me reste d'être l'ombre parmi les ombres
D'être cent fois plus ombre que l'ombre
D'être l'ombre qui viendra et reviendra dans ta vie
ensoleillée.

rêver *to dream*
une ombre *shadow*
il me reste *I am left with*
parmi *among*
cent fois *one hundred times*
viendra *will come*
ensoleillée *sunny*

A. Questions sur «Le pélican»:

1. Que fait le capitaine Jonathan?

   _____

2. Où a-t-il capturé un pélican?

   _____

3. Que fait le pélican après sa capture?

   _____

4. Est-ce que les oeufs de pélican ressemblent aux oeufs de poule?

   _____

5. Comment est le pélican qui sort de l'oeuf?

   _____

6. Pourquoi ressemble-t-il au grand pélican?

   _____

7. Que font tous ces pélicans?

   _____

8. Pourquoi cela ne peut-il pas durer très longtemps?

   _____

9. Avec quoi fait-on des omelettes?

   _____

10. Quel est le son qui revient le plus souvent dans ce poème?

    _____

B. Questions sur «Le dernier poème»:

1. Qui est le personnage principal du poème?

   _____

2. Quel est le thème de ce poème?

   _____

3. Comment le poète se sent-il?

   _____

4. Pourquoi le poète se sent-il comme une ombre?

   _____

5. Comment est la vie de sa maîtresse?

   _____

6. Est-ce que ce poème est triste ou gai?

   _____

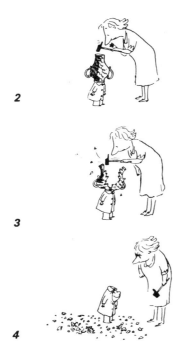

SEMPÉ

la mère *mother*
l'enfant *child*
le vase *vase*
la tête *head*
les épaules *shoulders*
le marteau *hammer*
le sourire *smile*
courir *to run*
casser *to break*
sourire *to smile*

A. Trouvez le mot approprié.

1. L'enfant a _____ sur la tête.

2. La mère _____ vers l'enfant.

3. Elle casse le vase avec un _____.

4. Le vase n'est pas sur la tête, il est sur _____.

5. L'enfant _____ à sa mère.

79

B. Répondez aux questions suivantes par des phrases complètes.

    1. Pourquoi la mère court-elle?

    2. Qu'est-ce qu'elle fait avec le marteau?

    3. Pourquoi l'enfant sourit-il?

LES PLANCHES À ROULETTES

(Paris Match)

Il y a dix ans, le «roll surf» (planche à roulettes) faisait une timide apparition en France. Ce sport revient en force grâce à des jeunes Français qui arrivent des U.S.A. Là-bas, en effet, le roll surf connaît une vogue qui dure depuis des années. C'est le sport idéal des villes. Il se pratique sur les trottoirs, dans les parkings, dans les cours d'immeubles, sur les esplanades, etc. Il est bon marché, silencieux et non polluant. Un journal s'est créé («Skate Boarder»). Il y a des compétitions dont les prix atteignent 5,000 dollars (catégorie slalom ou figures libres). Le record de vitesse absolue est actuellement de 91 km/h. Le promoteur français Jean-Pierre Marquant, 38 ans, est un sportif accompli. Il y a quelques années, il traversa à pied la Vallée de la Mort (225 kilomètres, température au sol: 50° centigrades). Jean-Pierre Marquant et l'ingénieur Paul Héry ont mis au point une nouvelle planche qui a stupéfié les Américains. Elle s'appelle «Banzai.» Elle est en plastique incassable, et montée sur des blocs silencieux.

la planche à roulettes *skate board*

faisait *was making*
grâce à *thanks to*
là-bas *over there*

le trottoir *sidewalk*
le cour d'immeuble *apartment house courtyard*
s'est créé *was created*

la vitesse *speed*

mettre au point *to put the finishing touch*

incassable *unbreakable*

81

Ce sport est une excellente préparation pour les skieurs. Il développe un prodigieux sens de l'équilibre. Quelques conseils pour les débutants: 1) au départ: placez un pied sur la planche et poussez avec l'autre, 2) entraînez-vous longtemps à patiner puis, quand vous avez trouvé votre équilibre, posez vos deux pieds parallèles sur la planche à 45°. Gardez les coudes demi-fléchis. Pliez un peu les genoux.

le conseil *advice*

pousser *to push*

patiner *to skate*

demi-fléchi *half bent*
plier *to bend*

Le roll surf se pratique en chaussures de tennis. Les chutes (hélas!) sont nombreuses. Avec quelques mois d'entrainement, on peut sauter les trottoirs à 20 k.m. à l'heure.

la chute *fall*

A. Choisissez la réponse correcte:

1. Le roll surf a été influencé par _____.
   a. les businessmen
   b. le ski
   c. les Américains
   d. les planches

2. C'est le sport idéal des villes parce qu'il se pratique _____.
   a. en plein air
   b. dans l'autobus
   c. quand il fait beau
   d. sur les trottoirs

3. Un autre avantage c'est que le roll surf est _____.
   a. non polluant
   b. seulement pour les jeunes
   c. très cher
   d. américain

4. Le promoteur français _____.
   a. n'a jamais fait de roll surf
   b. est Jean-Pierre Marquant
   c. est Paul Héry
   d. habite aux Etats-Unis

5. La planche «Banzai» _____.
   a. a stupéfié les Français
   b. est une planche américaine
   c. est faite en plastique
   d. se casse facilement

6. Ce sport est une excellente préparation pour le ski parce qu'_____.
   a. on peut le pratiquer sur la neige
   b. il vous faut une montagne
   c. il se pratique dans les Alpes
   d. il développe le sens de l'équilibre

7. Un bon conseil pour les débutants c'est de _____.
   a. prendre beaucoup de vitamines
   b. plier un peu les genoux
   c. faire du ski
   d. acheter une «Banzai» tout de suite

B. Trouvez le numéro qui correspond à la lettre:

_____ 1. le roll surf

_____ 2. les chutes

_____ 3. on peut sauter les trottoirs

_____ 4. posez vos pieds

_____ 5. Jean-Pierre Marquant

_____ 6. le record de vitesse absolue

_____ 7. «Skate Boarder»

_____ 8. le sens de l'équilibre

_____ 9. Paul Héry

_____10. un bon conseil c'est

a. parallèles sur la planche à 45°

b. de vous entraîner longtemps à patiner

c. est à présent de 91 km/h

d. parallèles à la planche

e. se pratique sur une planche

f. est un journal sur le roll surf

g. est l'ingénieur de la planche Banzai

h. avec quelques mois d'entraînement

i. ne sont pas nombreuses

j. se développe avec ce sport

k. est le promoteur français

l. sont nombreuses

C. Répondez aux questions suivantes:

1. Quels sont les avantages du «roll surf»?

_____

2. Comment ce sport est-il arrivé en France?

_____

3. Pourquoi est-il le sport idéal des villes?

_____

4. Combien d'argent peut-on gagner dans une compétition?

_____

5. Décrivez Jean-Pierre Marquant.

_____

6. Qui est Paul Héry?

_____

7. Décrivez la planche «Banzai».

_____

8. Pourquoi ce sport est-il une bonne préparation pour le ski?

_____

9. Que fait-on avec les genoux?

_____

10. Est-ce qu'on tombe souvent?

_____

D. Voici quelques sports. Trouvez le numéro qui correspond à la lettre:

1. le ski	a. une raquette
2. l'alpinisme	b. une auto
3. la natation	c. un ballon
4. l'équitation	d. une montagne
5. le tennis	e. l'eau
6. le football	f. un lac
7. la voile	g. un bâton
8. la pêche	h. un poisson
	i. un cheval
	j. un arbre

LA TÉLÉVISION

Regardez-vous souvent la télévision? En France il y a aussi beaucoup de jeunes téléspectateurs. Voici une enquête qui a découvert dans la famille française un nouveau parent—la télévision.

une enquête *survey*

La famille de Monsieur S. Martinez est un bon exemple de ce que l'on pourrait appeler la deuxième génération de la télévision. Dans la maison des Martinez à Etréchy, à 30 km de Paris, le récepteur trône dans la cuisine en permanence, même pendant le dîner.

trôner *to reign*

Ce sont les garçons qui choisissent les programmes, même si les filles protestent. Elles préfèrent les histoires d'amour et les variétés. Pourtant, ce sont les transmissions sportives qui mettent toute la famille d'accord: «Chez nous, dit Dominique, 15 ans, c'est toujours le ballon qui gagne.»

le ballon *ball*
gagner *to win*

Sur la trentaine de familles rencontrées par les enquêteurs à Paris et en province, on note un comportement assez proche de celui des Martinez. Le téléviseur est un bien de consommation, un élément de confort, au même titre que le réfrigérateur, le lave-vaisselle, l'électrophone.

A présent il existe 15 millions de téléviseurs en France. Dans la plupart des cas il n'y a qu'u.; récepteur par foyer. Il est disposé dans la salle de séjour ou dans la cuisine. Ce n'est quand même pas un meuble comme les autres, car il occupe toujours la meilleure place.

Beaucoup de lycéens ne peuvent plus faire leurs devoirs sans regarder la télévision. A la question «Combien de temps passez-vous chaque semaine devant votre poste?» les réponses ont été de 10 à 12 heures en moyenne pour les adultes, et de 4 à 6 heures pour les enfants.

C'est vraiment la télé-drogue. Mais c'est aussi le révélateur des problèmes de la société. Si on ne lit pas, si on ne va plus au théâtre ou au cinéma, il est facile d'accuser le téléviseur. Si les enfants subissent l'influence des films de violence, est-ce la faute de la télévision? Voilà la question que beaucoup de parents se posent.

La télévision a pris une grande importance dans la vie française. Elle est devenue, en effet, une partie intégrante de la vie.

sur la trentaine *out of the thirty or so*
comportement *behavior*
le bien de consommation *consumer goods*
au même titre *for the same reason*

la salle de séjour *living-room*

le lycéen *high school student*

la poste *set*
en moyenne *on an average*

subir *to come under*

A. *Vrai* ou *Faux*:

_____ 1. La famille française n'attache pas beaucoup d'importance à la télévision.

_____ 2. La télévision est un bien de consommation.

_____ 3. Les parents français ne laissent pas leurs enfants regarder la télévision quand ils font leurs devoirs.

_____ 4. Sur une trentaine de familles les adultes regardent la télévision 10 heures par jour.

_____ 5. Dans le foyer le téléviseur occupe la meilleure place.

_____ 6. Pour la deuxième génération la télévision est un membre de la famille.

_____ 7. Toute la famille Martinez choisit les programmes ensemble.

B. Questions:

1. Quelle importance la télévision a-t-elle pour la deuxième génération?
2. En général où se trouve le téléviseur dans la maison française?
3. Décrivez la famille Martinez.
4. Quels sont les problèmes que pose la télévision?
5. Combien de temps environ les Français passent-ils chaque semaine devant leurs postes?

C. Questions personnelles:

1. Est-il bon de laisser les enfants regarder la télévision tout le temps? Pourquoi?
2. Quels sont les programmes de télévision que vous aimeriez éliminer?
3. Quelles sont vos émissions favorites?
4. À votre avis, y a-t-il trop de violence à la télévision?
5. À votre avis, la télévision influence-t-elle la société, ou vice versa? Expliquez-vous.

Voici des programmes présentés à la télévision française:

12.00 **L'ÉVANGILE EN PAPIER**

JEAN-BAPTISTE : qui vit seul dans le désert annonce la venue du Messie.

12.15 **RÉPONSE A TOUT**
Des concurrents doivent répondre à des questions posées par les téléspectateurs.

12.30 **MIDI PREMIÈRE**
Danièle Gilbert reçoit la marionnette Picouic et quelques invités.

13.00 **T.F.1 ACTUALITÉS** avec les cours de la Bourse.

13.35 **LA PETITE MAISON DANS LA PRAIRIE**

"LA CLOCHE DE FINKER JONES". Réalisation : Léo Penn
Le Pasteur de Plum Creek, le révérend Aldense se plaint de ce que l'église n'a pas de cloche...

14.25 **LES VISITEURS DE NOEL**

Pierre et Marc Jolivet présentent :
14.30 WALDO KITTY : "Le shériff de Serwood"
14.55 MOULOUDJI raconte un souvenir de Noël
15.05 DESSIN ANIME, Dinky Duck le petit canard noir.

15.15 JACQUES TREMOLIN RACONTE : Comment vit une guêpe, du premier printemps à l'hiver.
15.20 LES INFOS par Claude Pierrard
15.30 LE FESTIVAL DES HEROS : "Les aventures de Black Beauty", "Les bons voisins".

17.35 **JEUX D'ENFANTS AU SOLEIL**
Emission proposée par André Blanc. Réalisation : Jean Pierre Manquillet.
La musique et l'enfant sont à l'honneur au cours de cette émission. Nous assistons en effet à un concert donné par de jeunes virtuoses japonais sur la scène d'Antibes Juan les Pins.
Puis nous les suivrons dans une promenade à travers la ville.

15.55 **ALLONS AU CINÉMA**
Emission d'André Halimi. Réalisation : André Leroux.
Extraits des films "My Fair Lady" de Georges Cukor ; "King Kong" de John Guillermin ; "Le voyage au bout du monde" du Commandant Cousteau ; "Ambulances tous risques" de Peter Yates avec une interview de Peter Yates et de Michel Mohrt.

16.25 **PLUK NAUFRAGE DE L'ESPACE**

Dessin animé de long métrage de Jean Image. Dialogues : France Image (1974)
Quelque part dans la Galaxie, un astronef, "le Cosmos", fonce dans l'espace interstellaire, poursuivi par de mystérieux engins. Harcela, encerclé, l'astronef tombe aux mains de ses ennemis. Seul un être étrange, un robot, a réussi à se dégager de cette emprise infernale. Perdu dans la galaxie, le naufragé de l'espace, se dirige alors vers la plus proche des planètes...

18.25 **CHAPI CHAPO**

"Le phoque" Chapi et Chapo veulent jouer à la balle avec le phoque.

18.30 **L'ILE AUX ENFANTS**
Zoé s'en fiche ; dessins animés, marionnettes et chansons.

18.55 **TOM ET JERRY**
Tom et Jerry cultivent un jardin potager...

19.20 **ACTUALITÉS RÉGIONALES**

19.45 **MINI CHRONIQUE**
LES ENNEMIS : Les ennemis sont partout autour de nous, empoisonnant notre vie quotidienne. (Présentation : René Goscinny)

20.00 **T.F.1 ACTUALITÉS**

10.00
10.15
10.20
10.50
11.50
12.45
13.05
14.00
15.10
15.50
16.55
N
Voir p. 44.45
18.40
18.55
19.20
19.45
20.00

2

JOURNAL DE L'A.2

LA FRANCE A VILLAGES DÉCOUVERTS

CONCERT

Le Nouvel Orchestre Philharmonique de Radio-France dirigé par Michel Plasson interprète : le "Deuxième concerto pour violon" de Prokofiev, avec en soliste Philippe Amoyal.

AUJOURD'HUI MADAME

Gai-gai marions-nous (reportage : Christiane Cardinal et Claude Vajda) deuxième diffusion.

TABLE OUVERTE

L'émission est placée sous le signe de la voyance et des prédictions pour 1977, avec Mme Catherine Lyza, Présidente des voyantes. Frances.

JOURNAL DE L'A.2

LA FRANCE A VILLAGES DÉCOUVERTS

Entre Viviers et Bourg-Saint-Andéol, nous découvrons Saint-Montand (Ardèche), un petit village à l'abandon, étiré sur son piton avec un vieux château fort livré aux orties.

AUJOURD'HUI MADAME

L'OPÉRA SAUVAGE

Série de Frédéric Rossif. Commentaires : François Billetdoux. "LA PASSION DU SOUVENIR" (Venezuela).

UN SUR CINQ

LE CADEAU DE UN SUR CINQ : Une adaptation très libre des "Trois mousquetaires", avec le groupe les Rubettes, Bernard Guillemin et Patrice Laffont.
REPORTAGES : extraits des meilleures séquences diffusées au cours de 1976, reportage sur Ceylan.
CINEMA : le nouveau King Kong mis en parallèle avec la version de 1937.
LECTURE : "Le Quid", "Le livre de l'année", "les sketches de Raymond Devos", "Le bouquet", recueil de dessins, "Le livre des objets introuvables" de Carelman.
VARIETES avec Demis Roussos : "King Kong"

LES BELLES DE NUIT

Film de René Clair. Musique : Georges Van Parys (1952)
Claude est un jeune pianiste provincial que personne ne remarque si ce n'est Suzanne, sa grande admiratrice. Il est dérangé quand il joue au piano, il s'arrête, s'assoupit, et rêve...

Avec :
Gérard PHILIPE ...... Claude
Martine CAROL .... Edmée
G. LOLLOBRIGIDA ..... Leila
M. de VENDEUIL ..... Suzanne
et Marilyn Bufferd (la postière Mme Banacieux) Paolo Stoppa (le directeur de l'opéra)

AU CŒUR DES CHOSES

L'HOPITAL : les enfants de l'hopital Hérold à Paris

DES CHIFFRES ET DES LETTRES

Avec "Le compte est bon" et "Le mot le plus long".

ACTUALITÉS RÉGIONALES

LA CAMÉRA INVISIBLE

JOURNAL DE L'A.2

3

Walter Matthau et Barbra Streisand
Hello Dolly 20.30

12.15 De 12.15 à 18.00 FR.3 retransmet en couleur les émissions de TF.1 (voir détails en première chaîne).

18.45 POUR LES JEUNES

FEU ROUGE, FEU VERT (émission de : Yves Gauthier. Réalisation : André Bonnardel).
Evelyne et Yves, de la région de Toulouse, s'affrontent dans cette 9ᵉ épreuve du grand concours interrégional sur le Code du jeune Usager de la Route.

19.05 LA TÉLÉVISION RÉGIONALE

BORDEAUX - LIMOGES - TOULOUSE : Les arpenteurs du ciel.
RENNES : Les chars à voile dans la baie du Mont-Saint-Michel.
LILLE : Etre abeille en 1976.
MARSEILLE : la moto et les autres.
LYON-DIJON : du soleil à la tasse de café : le sucre.
STRASBOURG-NANCY : le jardin secret.
PARIS-ILE-DE-FRANCE : un Indien à Paris.

19.20 ACTUALITÉS RÉGIONALES

19.40 TRIBUNE LIBRE

AMITIE JUDEO CHRETIENNES DE FRANCE est une association créée pour promouvoir la rencontre et la meilleure compréhension entre les chrétiens et les juifs.

19.55 F.R.3 ACTUALITÉS

20.00 LES JEUX DE 20 H

1

20.30 LE JEUNE HOMME ET LE LION

Scénario, adaptation et dialogues de Jean Anouilh avec la collaboration de Jean Delannoy et Jean Aurenche. Musique : Jacques Loussier. Réal. : Jean Delannoy (2e partie).

Pour Charlemagne vieillissant, les batailles deviennent difficiles.

Les deux époques de ce film (la première partie a été diffusée le 22 décembre dernier) évoquent la vie de Charlemagne et les aventures légendaires de Roland.

Charlemagne et son armée ont fait le siège de Pavie et obtenu la capitulation du Roi Didier. Le Roi des Francs coiffe la couronne de fer.

Roland a été nommé gouverneur de la province saxonne en remplacement de Ganelon. Il tente de gouverner par la clémence, tandis que Charlemagne reçu par le Pape, se fait reconnaître comme le défenseur de la Chrétienté.

Roland et Aude s'avouent leur amour et Witikind, jaloux, renie sa sœur et prépare sa vengeance. Charlemagne, en visite en Saxe, tombe dans un guet-apens tendu par Witikind. Au cours de l'attaque, Aude se convertit au christianisme...

Avec :

Georges WILSON	Charlemagne
Mathieu CARRIERE	Roland
Louis EYMOND	Alcuin
Jean CLAUDIO	Ganelon
Magali MILLOU	Hildegarde
Louise CONTE	Berthe
Angelo BARDI	Barbier
Catherine RETHI	Désirée
Doris KUNSTMANN	Aude
Kovacs JANOS	Turpin
Kortvelyessy ZSOLT	Naime
Mecs KAROLY	Ogier
M. HARMSTROFF	Witikind
Menzaros LASZLO	Amalwin
Suto IREN	Gisèle
Zala MARK	Pépin
Ingo THOURET	Olivier
Katai ENDRE	Carloman
Meran LAJOS	Didier
Tolna MARIA	Gerbege

22.00 LES NAIFS FRANÇAIS

Film de Christina Von Braun. Texte dit par Denis Manuel.

Cette émission est la première de six reportages consacrés à la peinture naïve.

Les auteurs ont choisi d'illustrer chaque émission par la présentation des artistes les plus représentatifs des pays auxquels ils se sont intéressés. Chaque peintre a été filmé dans son milieu habituel, qu'il s'agisse de son lieu de travail ou de son atelier de création. Les grands Maîtres, aujourd'hui disparus, ont été replacés dans le contexte historique et culturel de leur époque (Henri Rousseau pour la France, Omeore Metelli pour l'Italie, Gradma Moses pour les Etats-Unis, par exemple) établissant ainsi une filiation directe avec les artistes nouveaux.

Cette première émission consacrée aux naïfs Français présentera les peintres Séraphine, Louis Vivin, Camille Bourbois, André Brouchant, René Rimbert, André Demonchy et Germaine Vaudersteen.

22.50 T.F.1 ACTUALITÉS ET FIN

20.30

21.30

23.45

23.55

2

SWITCH

Série policière : "UNE VOITURE MODELE ZEPPELIN". Scénario : Gene R. Kearney. Réalisation : Richard Moder.

Cette nouvelle série hebdomadaire met en scène deux personnages hors pairs, Pete Ryan, ancien escroc et Franck Mac Bride, ancien policier à la retraite, associés en tant que détectives privés, afin de traquer ceux qui sont persuadés d'avoir commis un crime parfait.
Delores Lear fait figure de "chef" dans sa famille dont la principale oc-

Pete Ryan   *Mac Bride*

cupation consiste à extorquer de l'argent. Mais pour le moment, Delores a une autre préoccupation : elle veut tendre un piège à Mac, afin de le faire jeter en prison. Elle espère se venger de la sorte de la mort de son mari abattu alors qu'il était incarcéré.

Avec :
Robert WAGNER	Pete
Eddie ALBERT	Mac
Charlie CALLAS	Malcolm
Sharon GLESS	Maggie
Joan BLONDELL	Delores Lear
Dabney COLEMAN	C.C. Owens
Ken SWOFFORD	Griffin
Estelle WINWOOD	Vivian
Alan VINT	Al Lear
Bill VINT	Nate Lear
John HESLEY	Jack Lear

TANT QUE
DES HOMMES AURONT FAIM

En direct, des spécialistes de l'UNICEF, de l'OMS, de la F.A.O. du Club de Rome et des journalistes français et étrangers débattent autour d'une série de reportages réalisés par les équipes de l'A2 dans les pays les plus durement touchés par le sous-développement.
Des reportages réalisés en Afrique, au Guatemala, au Mexique et au Bangladesh montrent les travaux actuels entrepris par des organismes internationaux, tel que l'UNICEF, pour aider ceux qui ont faim.
Avec la participation de :
POUR L'UNICEF : Jacques Danois : Directeur de l'information ; Gordon Carter : directeur UNICEF-Europe : Jacques Beaumont : directeur UNICEF-Indochine ; Nailton Santos : contrôleur des programmes UNICEF ; Antoine Carvalho : officier du programme au Mali ; Mme Toure N'Gombe : nutritioniste en Haute-Volta.
POUR L'O.M.S. : F.J. Tomiche : directeur de l'Information.
POUR LA F.A.O. : Juan Filepe Yriart : Directeur de l'information.
POUR LE CLUB DE ROME : Maurice Guernier : Economiste

MUSIQUE DE NUIT

Depuis la salle Marly au Louvre, avec le nouveau trio Pasquier.

JOURNAL DE L'A.2 ET FIN

3

20.30 HELLO DOLLY

Film de Gene Kelly. Scénario : Ernest Lehman, d'après le livret de Michael Stewart et la pièce de Thornton Wilder (1969).
L'action se passe à New York, vers 1890. Dolly Levi ouvre une mode, celle de marieuse. Elle connaît un riche célibataire, Horace, à qui elle annonce qu'elle a en vue pour lui une riche héritière, ceci afin de le décourager d'épouser la belle Irène, modéliste.
Les deux commis de Horace, Cornélius et Barnaby, sont également à la recherche

Hello Barbra !

d'âmes sœurs. Sur l'instigation de Dolly, ils se rendent chez Irène, dont la maison est, selon les dires de la marieuse, très "accueillante".
C'est alors que Horace survient brusquement et décèle la présence de plusieurs hommes, bien qu'ils soient cachés...
Avec :
Barbra STREISAND	Dolly Levi
L. ARMSTRONG	le chef d'orchestre
Michael CRAWFORD	Cornélius Hacki
Louis ARMSTRONG	Le chef
Marianne Mc ANDREW	Irène Molloy
E.J. PEAKER	Minnie Fay
Danny LOCKIN	Barnaby Tucker
Fritz FELD	Fritz

22.50 F.R.3 ACTUALITÉS ET FIN

Questions:

1. À quelle heure et sur quelle chaîne passe «Le jeune homme et le lion»?
2. À quelle heure sont les Actualités Régionales?
3. Quelles sont les émissions que vous préférez regarder? Pourquoi?
4. Quelles sont les émissions réservées aux enfants?
5. Est-ce que les émissions françaises sont très différentes de celles des États-Unis?
6. Combien de chaînes y a-t-il en France? et aux États-Unis?

ASTÉRIX

Les livres sur «Astérix le Gaulois» ont un grand succès en France. Voici deux pages de ces livres. D'abord, faites connaissance avec les personnages principaux: *Astérix*, son ami *Obélix*, le druide *Panoramix* (dans la version en anglais, Getafix), le chef *Abraracourcix* (Vitalstatistix), le barde *Assurancetourix* (Cacophonix), et le petit chien *Idéfix* (Dogmatix).

QUELQUES GAULOIS . . .

Astérix: C'est le héros de ces aventures. Petit guerrier malin, plein de ruse et d'astuce, on lui confie toutes les missions délicates et même dangereuses. Car il est doué d'une force extraordinaire qu'il puise dans la potion magique de Panoramix.

le guerrier   *warrior*

malin   *clever*
ruse   *trickery*

doué   *gifted*
puiser   *to draw, borrow*

Obélix: Son ami fidèle est, de son métier, transporteur de menhirs à domicile. Il a une faiblesse pour les sangliers rôtis à point. Au moindre signal d'Astérix, il abandonne tout pour le suivre.

le métier   *trade, craft*
le menhir   *stone henge, large upright prehistoric stone*
la faiblesse   *weakness*
le sanglier   *wild boar*
à point   *just right*
au moindre   *at the least*

95

Panoramix: Le druide respecté, a la charge exclusive de la cueillette du gui. Il a le secret de la potion magique qui confère au buveur une force indestructible.

la cueillette *gathering*
le gui *mistletoe*
conférer *to bestow*
le buveur *drinker*

Assurancetourix: C'est le poète. À vrai dire, sur sa réputation les avis ne sont pas toujours unanimes. Lui, il pense qu'il est génial, les autres détestent sa voix. Mais quand il se tait tous sont d'accord: c'est le meilleur des compagnons.

à vrai dire *to tell the truth*
un avis *advice*
la voix *voice*
se taire *to be silent*

la crainte *fear, dread*
la peur *fear*

Abraracourcix: Voici enfin le chef de la tribu. Sa majesté, sa dignité et son obésité lui assurent la crainte de ses ennemis et le respect de ses sujets. Il n'a qu'une peur: c'est que le ciel lui tombe sur la tête.

96

A. Questions:

1. Quel est le héros Gaulois?

2. Décrivez Obélix.

3. Qu'est-ce qu'un druide?

4. Quelle est la plus grande réussite de Panoramix?

5. Donnez quelques opinions sur Assurancetourix.

6. Décrivez le chef des Gaulois.

7. Que craint Abraracourcix?

B. Utilisez l'expression *à* ou *aux* dans les descriptions suivantes:

Astérix. . . . . .un guerrier, esprit malin.

                 —*Astérix est un guerrier à l'esprit malin.*

1. Mon ami Jacques. . . . . .un garçon, yeux bleus

2. Les deux étudiantes. . . . . .des Américaines, cheveux blonds

3. Le Français. . . . . .un homme, l'intelligence vive

4. Obélix. . . . . .un guerrier, l'esprit gai

C. Trouvez le féminin des adjectifs suivants:

             dangereux—*dangereuse*

1. courageux
2. majestueux
3. ombrageux

4. périlleux
5. merveilleux
6. sérieux

D. Imaginez que vous vivez au temps des Gaulois. Comment vous appelleriez-vous? Aster—Astérix. Obel—Obélix. Donnez votre nom et les noms des étudiants de la classe!

Au camp romain de Petitbonum, on décide de préparer une attaque contre le village de nos amis Astérix et Obélix. On a désigné un espion pour infiltrer les rangs gaulois, par Jupiter!

un espion   *spy*

un espion   *spy*
être reconnaissant   *to be grateful*
embrocher   *to skewer*
grimer   *to put make up on*
se gâter   *to spoil*

A. Questions:

1. Que prépare-t-on au camp romain?
2. Quels sont les ennemis des Romains?
3. Qui devient espion?
4. Que dit le chef des Gaulois?
5. Comment s'appelle-t-il?
6. Que veut Obélix?
7. Quelle est la réaction des trois Gaulois envers Assurancetourix?

entonner *to break into a song*
un tas *a bunch of*

B. Cherchez dans le texte les mots définis ci-dessous:

1. action de gratitude _____

2. oiseau domestique _____

3. maquiller _____

4. calme _____

5. beaucoup d'attention _____

6. celui qui a l'autorité _____

7. sans force, sans énergie _____

8. poète _____

9. une chanson _____

10. grande pierre _____

C. Les Gaulois et les Romains appartiennent au passé. Pouvez-vous identifier ces personnages de l'histoire de la France?

1. Napoléon	a. écrivain: *Les Misérables*
2. Jeanne d'Arc	b. une part active à la guerre d'Indépendance en Amérique
3. Charles de Gaulle	c. l'instigateur de la Terreur
4. Charlemagne	d. découverte du radium
5. Victor Hugo	e. héros Gaulois qui combattait les Romains
6. Voltaire	f. empereur 1804–1815
7. Lafayette	g. grand cardinal, a centralisé l'administration de la France
8. Robespierre	h. général et homme d'état
9. Pierre & Marie Curie	i. a écrit *Candide & Lettres Philosophiques*
10. Richelieu	j. a délivré la France des Anglais
11. Vercingétorix	k. roi des Francs, empereur d'Occident

Réponses: 1.f; 2.j; 3.h; 4.k; 5.a; 6.i; 7.b; 8.c; 9.d; 10.g; 11.e.

LA FRANCE: Les menhirs se trouvent en Bretagne. Mais il y a d'autres provinces en France. Les connaissez-vous? Choisissez les réponses correctes:

1. La Bretagne se trouve . . .
   a. dans le sud de la France
   b. dans l'est de la France
   c. dans le nord-ouest de la France

2. La Normandie est connue pour . . .
   a. ses châteaux
   b. Omaha Beach et Utah Beach, où les troupes américaines ont débarqué en 1944
   c. ses vins

3. Le Val de Loire, avec ses châteaux magnifiques, se trouve . . .
   a. sur la Côte d'Azur
   b. près de Paris
   c. en Touraine

4. Cette province a un climat perpétuellement ensoleillé:
   a. la Provence
   b. l'Alsace
   c. la Bourgogne

5. Dans le Nord de la France on trouve surtout . . .
   a. de belles plages
   b. des usines et des centres industriels
   c. des lacs

6. En Alsace il y a . . .
   a. une côte très pittoresque
   b. des menhirs
   c. de jolies maisons construites dans le style allemand

7. L'Auvergne est un pays de . . .
   a. montagnes où le climat est très rigoureux en hiver
   b. jolies fermes allemandes
   c. déserts

Réponses: 1.c, 2.b, 3.c, 4.a, 5.b, 6.c, 7.a

UN ÉTRANGE AVERTISSEMENT

un avertissement *warning*

Dans un vieil hôtel d'Istanbul un jeune homme dort d'un sommeil agité. Il se voit en rêve devant une énorme boîte noire d'où sortent des gémissements, des soupirs, des bruits indéfinissables et il frissonne de peur. Il la devine pleine de gens et cette pensée ajoute à sa terreur et son angoisse. Soudain une planche grince et craque, un squelette décharné s'avance vers lui et lève le bras en disant: «Il y a de la place pour vous, monsieur.» Le jeune homme fait un pas en arrière, épouvanté par cette apparition macabre et se réveille tremblant et couvert de sueur.

le sommeil *sleep*
le rêve *dream*   la boîte *box*
le gémissement *groan*
frissonner *to shiver*

ajouter *to add*

la planche *board*
grincer *to creak*

épouvanté *terrified*
se réveiller *to wake up*
couvert de sueur *covered with sweat*

Le souvenir de ce cauchemar le poursuit jusqu'au matin ou il s'assoupit enfin. Il se réveille assez tard et décide de prendre son petit déjeuner dans sa chambre. Assis près de la fenêtre du neuvième étage, somnolent et pensif, il reste plongé dans un état de torpeur, boit distraitement son café, grignote un croissant, mais la terrible image de la nuit le hante. Quand il regarde enfin sa montre, il se rend compte qu'il va manquer un rendez-vous important, téléphone aussitôt pour le remettre à plus tard, se rase, s'habille et

le cauchemar *nightmare*

s'assoupir *to doze off*

près de *close to*

grignoter *to nibble*
se rendre compte *to realize*

sort en courant. Arrivé devant la cage d'ascenseur il s'aperçoit qu'il a oublié sa serviette remplie de papiers importants. Il presse quand même le bouton d'appel et se précipite vers sa chambre. Alors qu'il retourne, du fond du couloir lui arrive le bruit sourd et métallique de l'ascenseur qui s'arrête à l'étage. Il reprend alors son souffle et se ressaisit quand il reconnaît soudain l'étrange boîte de son rêve: même taille, même couleur sombre. La porte glisse, révélant les passagers serrés et silencieux dont se détache le liftier qui s'avance vers lui. Mais il n'est pas jeune. C'est un vieillard osseux, vêtu de noir qui lève la main et l'invite—«Il y a de la place pour vous, monsieur.» Le jeune homme, pétrifié, identifie aussitôt le squelette de son cauchemar. Il le regarde longuement, fasciné, immobile, jusqu'à ce que le vieillard recule et ferme la porte. Couvert de sueur, le jeune homme s'éloigne lentement. Tout d'un coup un bruit terrible le fait tressaillir, des cris affreux montent vers lui, l'hôtel entier paraît secoué violemment et les tableaux tombent des murs avec fracas. On découvre plus tard qu'un cable s'est cassé et que la cabine en s'écrasant a tué tous ses occupants.

s'apercevoir *to notice*
la serviette *briefcase*

alors que *while*

le souffle *breath*
se ressaisir *to pull oneself together*
la taille *size*

serré *close together*
le liftier *elevator boy*
osseux *bony*

jusqu'à ce que *until*

tressaillir *to shiver*

secoué *shaken*

le fracas *crash (broken objects)*

A. Questions: Répondez par des phrases complètes.

1. Où est-ce que le jeune homme dort?

_____

2. Où se voit-il dans son cauchemar? _____

3. Qui sort de l'intérieur de la boîte? _____

4. Que dit le vieillard?_____

5. Quelle est la réaction du jeune homme? _____

6. Qu'est-ce qu'il prend pour le petit déjeuner le lendemain?

_____

7. Pourquoi donne-t-il un coup de téléphone? _____

8. De quoi se rend-il compte quand il ouvre la porte de l'ascenseur?

_____

9. Que dit le vieux squelette?_____

10. Rentre-t-il dans l'ascenseur? _____

11. Qu'est-ce qu'il entend tout d'un coup? _____

12. Qu'est-ce qui se passe? _____

B. Trouvez dans le texte le contraire des mots suivants:

calme—*agité*

1. vide _____

2. soustraire _____

3. se coucher _____

4. le soir _____

5. debout _____

6. loin de _____

C. D'après le texte, trouvez un adjectif convenable pour les noms suivants:

immobilité—*immobile*

1. pensée_____

2. somnolence _____

3. métal _____

4. fascination _____

5. agitation _____

6. secousse _____

D. Remplissez les blancs avec le mot approprié:

d'une taille excessive—*énorme*

1. un rêve oppressif _____

2. repas du matin _____

3. manger par petites bouchées

   _____

4. long passage_____

5. terrifié _____

6. appareil qui transporte les
   passagers d'un étage à l'autre

   _____

E. Discussion:

1. Avez-vous fait quelquefois des cauchemars? Racontez un cauchemar.

2. Pensez-vous que les rêves soient prémonitoires?

3. Est-ce qu'un de vos rêves s'est réalisé? Commentez.

LA CUISINE MINI-CALORIES

La qualité de la cuisine française est renommée. Les crêpes, le foie gras, les éclairs—rien que le fait d'y penser fait venir l'eau à la bouche! Mais c'est aussi une cuisine très riche qui est généralement interdite aux gens qui veulent maigrir. Est-il possible de réconcilier le plaisir de manger et la hantise de la ligne?

le foie gras *liver paste*
rien que d'y penser *the very thought of it*
faire venir l'eau à la bouche *to make one's mouth water*
maigrir *to get thin*
la ligne *figure*

Michel Guérard, 43 ans, est l'un des chefs imaginatifs qui ont inventé la Nouvelle Cuisine française. C'est une cuisine de «basses calories» qui est plus légère que l'ancienne, et accentue «le retour à la nature des choses.»

léger *light*

Comment la «cuisine minceur» est-elle née? Après deux ans de patientes recherches et d'expériences, Michel Guérard a découvert un substitut à la crème et au beurre. Il a égale-

la minceur *slimness*

ment emprunté à la Chine des techniques de cuisson à la vapeur, et à la Normandie des fromages blancs sans matière grasse. Ensuite, en utilisant le nouveau matériel de cuisine, il a imaginé toutes sortes de recettes «mini-calories.»

emprunter *to borrow*
la cuisson *cooking*

Son livre connaît déjà un succès international. Aux États-Unis les 50,000 exemplaires de la première édition ont été achetés par les librairies avant même leur sortie de presse. On peut y apprendre à composer des «repas de fête» pour maigrir et comment faire des salades fraîches, des poissons brillants, et des volailles parfumées.

la librairie *bookstore*

la volaille *poultry, fowl*

Voulez-vous manger de la cuisine française et maigrir à la fois? Nous avons inclus quelques menus-modèles présentés dans le livre de Michel Guérard. Bon appétit!

à la fois *at the same time*

A. Remplissez les blancs avec le mot approprié.

1. Le contraire de grossir est _____.

2. Deux ingrédients essentiels à la cuisine française sont le _____ et la _____.

3. L'action de cuire s'appelle la _____.

4. Quand quelque chose vous donne envie de manger on dit que cela vous fait

   _____.

5. On emploie souvent l'expression _____ avant de manger.

B. Trouvez l'adjectif qui correspond à chaque nom suivant.

aliment—*alimentaire*

1. richesse

2. interdiction

3. patience

4. Asie

5. fraîcheur

6. parfum

Complétez par TOUT à la forme convenable.

il a écrit _____ les recettes.—il a écrit *toutes* les recettes.

1. _____ le monde adore la cuisine française!

2. La mère dit à sa fille de manger _____ les petits pois.

3. _____ les desserts sont riches.

4. Il a travaillé _____ la journée.

5. _____ les filles veulent être en forme.

Menu nº 1: déjeuner

Tourte aux oignons doux

*Gigot de poulette cuit
à la vapeur de marjolaine*

Julienne de légumes

Gelée d'amandes aux fruits frais

Menu nº 1: dîner

Soufflé aux tomates fraîches

*Sabayon de Saint-Pierre
en infusion de poivre*

Purée d'artichauts

Banane surprise

C. Votre physique

Tout le monde veut être en forme, n'est-ce pas? Que faites-vous pour garder la ligne? Choisissez les activités que vous aimez. Discutez et comparez vos choix avec d'autres étudiants.

—la bicyclette
—le ski
—la course à pied
—l'haltérophilie   **l'haltérophilie** *weightlifting*
—le yoga
—la gymnastique
—la danse
—je prends des vitamines
—je suis végétarien(ne)
—je ne fais rien
—le tennis
—la natation
—les promenades
—le volleyball
—le soccer
—je fais toujours le régime   **faire le régime** *to go on a diet*
— ?

Voici un tableau de poids normal. Trouvez votre poids!

Hommes			Femmes	
Taille	Poids		Taille	Poids
157 cm*	53−58 kg*		147 cm	43−48 kg
160 cm	54−60 kg		150 cm	44−50 kg
163 cm	56−61 kg		152 cm	45−51 kg
165 cm	57−63 kg		155 cm	47−52 kg
168 cm	59−64 kg		157 cm	48−52 kg
170 cm	60−65 kg		160 cm	50−55 kg
173 cm	62−68 kg		163 cm	51−57 kg
175 cm	64−70 kg		165 cm	52−59 kg
178 cm	66−72 kg		168 cm	54−61 kg
180 cm	68−74 kg		170 cm	56−63 kg
183 cm	69−77 kg		173 cm	58−64 kg
185 cm	71−78 kg		175 cm	59−66 kg
188 cm	78−81 kg		178 cm	61−68 kg
191 cm	75−83 kg		180 cm	63−70 kg
193 cm	77−86 kg		183 cm	65−72 kg

*1 inch = 2.54 cm
*1 pound = .45 kg

D. Questions:

1. Quel est votre poids en kilogrammes? Et votre taille en centimètres?
2. Quelles sortes d'aliments faut-il éviter quand on fait le régime?
3. Avez-vous fait un repas français? Qu'avez-vous mangé?
4. Avez-vous une recette favorite? Donnez-la.
5. Si vous voulez maigrir, indiquez cinq façons différentes d'y arriver.

Menu n° 2: déjeuner

Terrine de poisson aux herbes fraîches

Aiguillette de caneton au poivre vert

Gratin du pays de Caux

Petit pot de crème à la vanille

Menu n° 2: dîner

Gâteau d'herbage à l'ancienne

Bar en cocotte sous les algues

Purée de cresson et d'oseille

Clafoutis aux pommes d'Aurélia

SEMPÉ

1

2

3

4

le **camion** *truck*   **crier** *to scream, to yell*
la **circulation** *traffic*   **gronder** *to scold*
la **ville** *city*
le **piéton** *pedestrian*

A. Complétez les phrases suivantes par les mots convenables.

1. L'agent de police _____ à toutes les autos.

2. Les _____ traversent la rue.

3. Il y a beaucoup de _____ dans la rue.

4. L'agent de police _____ la petite auto.

B. Décrivez les images en utilisant le vocabulaire convenable.

LA POLLUTION

Comme la plupart des Américains, vous avez sans doute   la plupart de   *most*
visité ou habité une grande ville. Et vous avez probable-
ment remarqué l'un des plus grands problèmes métro-
politains: la pollution.

La France ne fait pas exception. De nos jours les Français
s'occupent activement des questions d'écologie et font face à
ce danger qui menace toutes les villes industrialisées.

Connaissez-vous les causes de la pollution de l'environnement? Pouvez-vous même identifier des exemples dans
votre propre ville?

Le mode de pollution qu'on cherche plus particulière-
ment à éliminer est la pollution atmosphérique. Vous avez
peut-être vu le «smog» de Los Angeles, Londres, ou Paris.
C'est ce brouillard piquant qui provoque une irritation des
yeux et qui vous fait vous moucher et même pleurer. Les
cheminées et la circulation automobile, qui émettent des gaz
et des vapeurs toxiques, en sont la cause principale. De même,
les grandes usines, surtout les raffineries de pétrole, contribu-
ent en grande partie à la pollution de l'air.

le brouillard *fog*
piquant *stinging*
se moucher *to blow one's nose*

Parfois aussi ces usines sont très bruyantes et, avec les
autos, ajoutent à la «pollution du bruit» de la ville.

bruyant *noisy*

Presque toutes les agglomérations françaises sont tra-
versées de fleuves, rivières, ou canaux. De nombreuses usines
y déversent une quantité considérable de déchets chimiques.
Ces produits détruisent l'oxygène de l'eau et causent la mort
des poissons: c'est la pollution de l'eau.

le fleuve *river*
le déchet *waste, refuse*

Nous venons de citer quelques exemples. Mais quelles
sont les solutions? Pensez-vous qu'on encourage assez la
protection de l'environnement ou qu'il est déjà trop tard?
Quelle est votre opinion? Avez-vous une solution person-
nelle?

A. Questions sur le texte:

1. Nommez quelques catégories de pollution.
2. Quelle est la cause de la pollution atmosphérique?
3. Dans quelles villes y a-t-il du smog?
4. Décrivez les effets du smog.
5. Comment l'automobile contribue-t-elle à la pollution de l'air?
6. Quelle est la cause de la pollution de l'eau?
7. Quel est l'effet polluant des produits rejetés dans l'eau?

B. Donnez les noms qui correspondent aux adjectifs suivants.

Français—*la France*

1. polluant
2. atmosphérique
3. écologique
4. bruyant

5. fabriqué
6. irrité
7. environné
8. exemplaire

C. Trouvez le mot ou l'expression qui convient:

1. Un synonyme d'aujourd'hui est _____.

2. Le _____ est une huile minérale combustible.

3. Le mouvement des voitures s'appelle la _____.

4. La protection de l'environnement est aussi _____.

D. Utilisez l'expression *chercher à*:

   je travaille dans un magasin—*je cherche à travailler dans un magasin*

1. Les Français s'occupent des problèmes écologiques.
2. On trouve une solution.
3. Les écologistes éliminent le smog.
4. Il se mouche.
5. L'étudiant comprend la phrase.

E. Voici quelques idées sur l'écologie. Êtes-vous d'accord ou non? Dites pourquoi.

   —enseigner les dangers de la pollution dans les écoles
   —supprimer la circulation des autos dans les grandes rues de la ville
   —acheter de petites voitures économiques
   —reduire l'usage de l'eau en été
   —supprimer l'industrie du charbon
   —régler les gaz d'échappement de toutes les voitures
   —créer des programmes pour la protection de l'environnement
   —construire des routes pour les bicyclettes
   —protéger les forêts
   —arrêter la construction des autoroutes
   —protéger les animaux menacés d'extinction
   —forcer les usines à controller la pollution
   —ne pas utiliser des ustensiles en papier ou en plastique
   —cultiver son propre potager
   —aller à l'école ou au travail à pied ou à bicyclette
   —supprimer les insecticides

Questions personnelles:

1. Quels sont les problèmes écologiques de votre ville?
2. Que doit-on faire pour encourager l'antipollution?
3. Que pensez-vous personnellement de la pollution? Peut-il y avoir progrès industriel sans pollution?
4. Discutez les solutions possibles de la pollution automobile.
5. Connaissez-vous d'autres exemples de pollution non mentionnés dans le texte?

LE FÉMINISME

Etes-vous pour ou contre la libération de la femme? Pensez-vous que le sexisme existe vraiment dans notre société ou que les femmes soient traitées de la même façon que les hommes?

soient *subjunctive form of* **être**

En France, comme aux Etats-Unis, le mouvement pour la libération de la femme est en train de se manifester. Les femmes françaises commencent à douter de leur rôle de ménagère et à discuter des inégalités de la position de la femme par rapport aux salaires, aux professions, aux emplois importants, et à la liberté dans le mariage. Beaucoup d'entre elles ne sont plus satisfaites de rester au foyer, de

la ménagère *housewife*

le foyer *home*

garder les enfants, de nettoyer la maison et de faire la cuisine chaque jour. Elles se révoltent! Elles ne veulent plus souffrir en silence.

Il n'est pas difficile de trouver des exemples d'inégalités dans notre société. La plupart des salaires féminins sont de beaucoup inférieurs aux salaires masculins pour un travail identique. Auparavant, les femmes devenaient infirmières ou maîtresses d'école car cela correspondait bien à l'image que la société se faisait de la mère et de la femme. Aujourd'hui on commence à peine à voir davantage de femmes médecins, professeurs, et avocats. En France la femme n'a le droit de vote que depuis 1944. Et ce n'est qu'en 1960 qu'elle a obtenu le droit d'avoir son propre compte en banque! C'est grâce aux féministes comme Françoise Giroud que les réformes se développent. Il existe maintenant des maternelles gratuites. La femme française commence enfin à avoir les mêmes droits que son mari. Pourtant dans le domaine politique il y a toujours très peu de femmes. Et, comme aux Etats-Unis, il existe le problème des femmes de 35 à 40 ans qui s'étaient arrêtées de travailler pour élever leurs enfants et, après dix ou quinze ans au foyer, désirent retrouver un emploi.

auparavant *previously*

à peine *barely*
davantage *more*

la maternelle *nursery school*

Le poète Jacques Prévert illustre très bien cette question de la prédominance masculine:

Il pleut Il pleut
Il fait beau
Il fait soleil
Il est tôt
Il se fait tard
Il
Il
Il
Il
Toujours Il
Toujours Il qui pleut et qui neige
Toujours Il qui fait du soleil
Toujours Il
Pourquoi pas Elle
Jamais Elle
Pourtant Elle aussi
Souvent se fait belle.

A. Questions sur le texte:

1. Donnez quelques exemples de sexisme:

_____

2. De quoi les femmes françaises commencent-elles à douter?

_____

3. Depuis quand la femme française a-t-elle le droit de vote?

_____

119

4. Quelle réforme a été faite en 1960?

_____

5. Nommez d'autres réformes récentes.

_____

6. En général quelle est la réaction des femmes devant le sexisme?

_____

7. Dans quel domaine y a-t-il très peu de femmes en France?

_____

8. Quelle est l'importance des maternelles?

_____

9. Comment Jacques Prévert traite-t-il le sexisme dans son poème?

_____

B. Utilisez l'expression *en train de*.

      Les femmes se révoltent—Les femmes *sont en train de* se révolter.

1. La femme française obtient tous ses droits.

_____

2. Je lis ce texte attentivement.

_____

3. Nous étudions les problèmes d'aujourd'hui.

_____

4. Les hommes analysent ce mouvement.

_____

5. Vous cherchez un salaire comparable.

_____

C. Discussion: oralement ou par écrit.

1. Etes-vous pour ou contre la libération de la femme? Pourquoi?
2. À votre avis, est-ce que le sexisme existe vraiment dans notre société? dans votre classe?
3. Est-ce que vous êtes d'accord avec les féministes? Pourquoi?
4. Est-ce que les hommes ont aussi besoin de libération?
5. Y a-t-il des professions où les rôles sont exclusivement féminins ou masculins?

D. Donnez l'infinitif des verbes suivants.

1. il se manifeste
2. elle nettoie
3. nous voulons
4. ils obtiennent
5. vous existez
6. je me défends
7. tu t'arrêtes
8. il pleut
9. elle se fait
10. nous devons

E. Trouvez dans le texte *le contraire* des mots suivants:

1. subjugation
2. croire
3. peu
4. salir
5. égalité
6. vite
7. féminin
8. perdre

VRAI ou *FAUX*: Indiquez si les commentaires suivants sont vrais ou faux. Comparez et discutez vos réponses avec les autres étudiants de la classe.

_____ 1. Les hommes sont plus forts que les femmes.

_____ 2. Les femmes pleurent plus souvent que les hommes.

_____ 3. Les femmes sont plus intuitives que les hommes.

_____ 4. Les hommes conduisent mieux que les femmes.

_____ 5. Les femmes doivent rester au foyer, et les hommes doivent travailler pour gagner de l'argent.

_____ 6. Les hommes sont plus courageux que les femmes.

_____ 7. Les hommes doivent s'occuper de toute question financière.

_____ 8. Les femmes doivent toujours faire la vaisselle.

_____ 9. Les femmes parlent trop.

_____ 10. Les femmes doivent toujours être très jolies pour plaire aux hommes.

_____ 11. Les femmes sont toujours en retard.

_____ 12. Les hommes prennent toutes les décisions dans le mariage.

SEMPÉ

—Je serai bref . . .

la réunion *meeting*	**faire un discours** *to give a speech*
les hommes d'affaires *business men*	**tomber** *to fall*
le lustre *chandelier*	**bref** *brief*

A. Décrivez l'image.

B. Mettez les verbes suivants au futur.

je suis bref—*je serai* bref

1. L'homme d'affaires parle.
2. Les autres hommes écoutent.
3. La table est très longue.
4. Il y a des bouteilles de vin sur la table.
5. Un homme fume un cigare.

LA CRISE D'ÉNERGIE

Contribuez-vous un peu, beaucoup, ou pas du tout à la conservation d'énergie? Dans presque tous les pays du monde il existe un problème de consommation d'énergie. Les experts prédisent, en effet, pour 1992, une grande pénurie de pétrole dans le monde entier.

la pénurie *shortage*

Voici quelques idées sur l'écologie. À votre avis que vaut-il mieux faire? Choisissez la réponse ou les réponses préférables. Si vous voulez, vous pouvez proposer une autre solution. Discutez et comparez vos choix avec d'autres étudiants.

il vaut mieux *it is better to*

A. 1. Une bonne façon d'économiser l'essence est . . .
   a. de régler la vitesse sur les autoroutes.
   b. d'échanger une grande voiture contre une petite.
   c. de conduire seulement une fois par semaine.
   d. ?

2. Si vous voulez bien chauffer votre maison . . .
   a. achetez un appareil de chauffage électrique.
   b. installez un appareil d'énergie solaire.
   c. employez votre cheminée.
   d. ?

3. Pour économiser l'eau vous pouvez . . .
   a. prendre une douche au lieu d'un bain.
   b. vous laver une fois par semaine.
   c. utiliser des assiettes en papier.
   d. ?

4. Un programme pour la protection de l'environnement . . .
   a. doit se faire dans les écoles.
   b. doit se faire à la télévision.
   c. n'est pas du tout nécessaire.
   d. ?

5. Pour protéger les ressources naturelles on doit . . .
   a. défendre les forêts contre l'exploitation.
   b. ne pas utiliser d'insecticides.
   c. planter des arbres le long de toutes les routes.
   d. ?

6. La solution au problème de la crise d'énergie dépend . . .
   a. des industries.
   b. du gouvernement.
   c. de chaque individu.
   d. ?

7. En ce moment quel problème vous préoccupe le plus?
   a. l'inflation
   b. la pollution
   c. le chômage
   d. la crise d'énergie

B. Cherchez dans la deuxième colonne *l'antonyme* de chaque mot de la première colonne:

1. l'économie	a. à la main
2. le chauffage	b. la destruction
3. la préservation	c. éteindre
4. allumer	d. salir
5. laver	e. le gaspillage
6. le problème	f. chaud
7. vendre	g. acheter
8. mécanique	h. la climatisation
9. froid	i. la solution

C. Faites ce petit test et consultez l'interprétation pour déterminer si vous contribuez à la qualité de la vie écologique.

a. Quand vous quittez votre maison . . .
   1. vous éteignez toutes les lumières.
   2. vous laissez au moins une lumière allumée.

b. Quand votre auto a besoin de réparations vous . . .
   1. essayez de les faire vous-même.
   2. allez chez le garagiste.

c. Si quelqu'un vous offre de l'argent pour votre anniversaire . . .
   1. vous le mettez à la banque.
   2. vous le dépensez tout de suite.

d. Pour votre déjeuner à l'école . . .
   1. vous l'apportez dans un sac en papier.
   2. vous mangez à la cantine.

ē. Quand vous voulez avoir des nouvelles de vos amis qui habitent dans une autre ville vous . . .
  1. écrivez une lettre.
  2. téléphonez.

f. Quand vous salissez vos vêtements . . .
  1. vous les lavez à la main.
  2. vous les lavez à la machine à laver.

g. Quand vous allez au magasin qui est à 400 mètres de chez vous . . .
  1. vous allez à pied.
  2. vous prenez votre auto.

h. Quand vous avez trop à manger pour le dîner . . .
  1. vous gardez les restes pour le lendemain.
  2. vous jetez les restes à la poubelle.

i. Quand vous ne voulez pas faire la cuisine . . .
  1. vous la faites quand même.
  2. vous allez dîner dans un restaurant.

j. Quand vous êtes en vacances . . .
  1. vous faites du camping.
  2. vous restez dans un hôtel.

k. En été, quand il fait chaud, . . .
  1. vous vous lavez à l'eau froide.
  2. vous prenez beaucoup de douches.

l. Quand vous avez besoin de nouveaux vêtements . . .
  1. vous les faites vous-même ou vous demandez à un(e) ami(e) de les faire.
  2. vous les achetez.

Comptez les numéros.

Interprétation:

24–20: Vous gaspillez trop d'énergie! Essayez d'en conserver davantage.

19–16: Vous êtes un peu économe et vous faites tout avec modération.

15–12: Bravo! Vous êtes très économe et conscient de la crise d'énergie.

D. Voici une liste d'expressions idiomatiques qui illustrent les situations dont on a parlé. Essayez de trouver l'équivalent anglais de chaque expression française.

1. joindre les deux bouts
2. peser le pour et le contre
3. être à jour
4. payer de sa personne
5. se serrer la ceinture
6. mettre la main à la pâte
7. faire des économies de bouts de chandelles

a. to be stingy
b. tighten one's belt
c. save candle's end
d. to be up to date, on schedule
e. make both ends meet
f. to lend a hand
g. pitch in
h. to do one's fair share
i. weigh the pros and cons

LES FRUSTRÉS

Les bandes dessinées de Claire Bretécher, qui paraissent dans le journal *Le Nouvel Observateur*, sont peut-être le commentaire social le plus représentatif de nos jours. Voici quelques bandes de la collection "Les Frustrés."

de nos jours *nowadays*

L'ENFANT à NÉVROSE

on est arrivé *here we are*
c'est chouette *oh boy, fine*

jouer *to play*
s'agenouiller *to kneel down*

Oedipe *Oedipus complex*   **coudre** *to sew*

A. Questions:

   1. Que fait le père?

   2. Avec quoi jouent le père et l'enfant?

   3. Que pense le père?

   4. Et la mère?

B. Décrivez les images avec le vocabulaire convenable.

C. Questions personnelles:

   1. Que pensez-vous de l'analyse?

   2. Est-ce que les enfants ont besoin d'être analysés comme les adultes?

LA FIN DU MONDE

On est en l'an 1990. Un jour de cette année fatidique le monde, et toute l'humanité, sont arrivés à leur fin.

fatidique *fateful*

Depuis longtemps déjà les grandes puissances essayaient de résoudre leurs difficultés à l'amiable, sans y parvenir. Une guerre terrible a alors éclaté, limitée au début à quelques nations, pour s'étendre bientôt à tous les pays du globe. Chacun essayant d'anéantir l'adversaire à l'aide d'armes atomiques, ce fut le commencement de la fin.

les grandes puissances *superpowers*
parvenir *to arrive*
éclater *to break out*
étendre *to spread*
anéantir *to annihilate*
ce fut *it was (passé simple of être)*

Un jour de mai 1990 la destruction de la race humaine paraissait complète. Cependant, un miracle s'était produit; dans une petite ville du centre des Etats-Unis un homme respirait encore—un seul. La veille il s'était trouvé enfermé par accident dans le service des coffres d'une banque dont la porte s'ouvrait automatiquement pour les transactions du matin. C'est à cette petite erreur qu'il devait son existence.

paraître *to seem*
enfermé *locked up*
le service des coffres *safety vault*
il devait *he owed*

Donc, ce matin-là, la porte s'ouvre d'elle-même. D'abord étonné de se trouver seul dans un silence absolu, il évalue bientôt la situation, il comprend que la radioactivité a détruit toute vie, qu'il est l'unique rescapé du terrible holocauste, et le seul survivant de la race humaine.

le rescapé *survivor*

C'est un homme de quarante ans, aux cheveux grisonnants, les yeux protégés de verres épais. Sans ses lunettes il est pratiquement aveugle. Sa solitude lui pèse. Comment y faire face? Il a toujours aimé la lecture et trouve dans les livres ses meilleurs amis. Il se dirige donc vers la bibliothèque municipale. Là, parmi les rayons, il choisit *La Guerre et la Paix* de Tolstoi, *Le Paradis Perdu* de Milton, *Le Contrat Social* de Jean-Jacques Rousseau, et la Bible. Il a soudain hâte de retrouver ses fidèles compagnons et s'apprête à descendre l'escalier quand son pied manque la première marche. Il trébuche, ses livres s'éparpillent sur le sol, ses lunettes tombent et se brisent en mille morceaux.

grisonnant *greying*
le verre *glass, lens*
aveugle *blind*
peser *to weigh*
la lecture *reading*
se diriger *to direct oneself*
avoir hâte *to be eager, impatient*
s'apprêter *to get ready*
trébucher *to stumble*
se briser *to break*

Et sans ses lunettes il ne pourra jamais plus lire.

A. Choisissez la réponse correcte:

1. La guerre a commencé en 1990 parce _____
   a. que les grandes puissances étaient malades
   b. qu'il y avait beaucoup de bombes
   c. qu'on ne pouvait pas résoudre les problèmes du monde

2. Les armes atomiques avaient anéanti _____
   a. la bibliothèque
   b. tous les êtres excepté un seul homme
   c. les lunettes de l'homme

3. Un homme était encore vivant _____
   a. parce qu'on l'avait enfermé dans le service des coffres
   b. parce qu'il vivait dans une petite ville
   c. parce qu'il voulait vivre seul

4. Après la guerre l'homme essaie _____
   a. d'écrire un livre
   b. de travailler dans une banque
   c. d'aller à la bibliothèque pour chercher des livres

5. Les conséquences de son accident étaient _____
   a. qu'il avait rencontré un ami
   b. que l'homme voulait rester dans la banque
   c. qu'il ne pouvait plus lire

Réponses: 1.c, 2.b, 3.a, 4.c, 5.c

B. Répondez *vrai* ou *faux*:

_____ 1. Les grandes puissances avaient commencé une guerre.

_____ 2. Les armes atomiques ont détruit le monde.

_____ 3. L'homme était dans le service des coffres pendant le week-end.

_____ 4. L'homme était très vieux.

_____ 5. Quand on veut lire, on va dans une banque.

_____ 6. La radioactivité a tué tous les êtres vivants.

C. Répondez aux questions par des phrases complètes:

1. Quand a commencé la guerre atomique? _____

2. Pourquoi les nations se sont-elles battues? _____

   _____

3. Comment a commencé la guerre atomique? _____

4. Où vivait l'homme? _____

5. Où peut-on trouver un service des coffres? _____

6. Qu'est-ce qui a détruit tous les êtres vivants? _____

7. Décrivez l'homme. _____

8. Pourquoi est-il allé à la bibliothèque? _____

9. Quels livres a-t-il trouvés? _____

10. Quel accident a-t-il eu? _____

11. Pourquoi avait-il besoin de lunettes? _____

LES GITANS

le gitan *gypsy*

Avez-vous quelquefois rêvé d'être gitan? de vous joindre à la roulotte colorée des «gens du voyage»? de parcourir avec eux le monde entier? Quelle aventure de vivre avec des montreurs d'ours, des diseuses de bonne aventure, des vendeurs de charmes et de potions magiques, et de danser au son des castagnettes!

roulotte *gypsy caravan*
parcourir *to travel through, to wander*
le montreur d'ours *bear trainer*
la diseuse de bonne aventure *fortune-teller*

De nos jours, il existe entre 50,000 et 100,000 gitans dans le monde. Les gitans, qu'on appelle aussi «romanichels» ou «bohémiens,» n'ont pas de patrie et leurs légendes parlent d'origines très lointaines. Quelques historiens pensent qu'ils descendent des Atlantes, d'autres des Egyptiens, des Tartares ou de certaines tribus de l'Inde. Qu'importe! On les trouve aux quatre coins de la terre, à Los Angeles, comme à Québec, Stockholm ou Budapest.

qu'importe *what does it matter*

Leurs traditions, très anciennes, sont uniques. Chaque année au mois de mai, toutes les tribus dispersées convergent vers la Camargue, dans le sud de la France, aux Saintes-Maries-de-la-Mer. C'est une petite ville de deux ou trois mille habitants à l'ordinaire qui, dans l'espace de quelques jours, se trouve envahie de milliers de gitans. Les roulottes aux couleurs vives, de plus en plus rares, sont remplacées par des voitures de toutes les tailles et de tous les âges: les gitans viennent prier Sarah, leur sainte, la servante des Saintes Maries.

dans l'espace de *within*

Pendant cette vaste cérémonie les gardians, montés sur de blancs chevaux, escortent la lourde châsse contenant les precieuses reliques, que les gitans portent à bras et trempent trois fois dans l'eau.

la châsse *shrine, reliquary*

Le spectacle est inoubliable. Toutes les femmes, jeunes ou vieilles, sont couvertes de bijoux et de perles. La foule resplendit d'un luxe de riches couleurs. Tous chantent et dansent pour exprimer la passion et l'exubérance de tout un peuple fier et libre.

inoubliable *unforgettable*

L'ancienne philosophie des gitans s'exprime toute entière dans ce proverbe:

«Un gitan peut être plus ou moins génial, mais jamais médiocre!»

A. Répondez aux questions suivantes:

1. Comment s'appellent les gens qui vivent dans les roulottes et qui parcourent le monde?

_____

2. D'après les historiens, d'où viennent les gitans?

_____

3. Que se passe-t-il chaque année au mois de mai?

_____

4. Où se trouve Saintes-Maries-de-la-Mer?

_____

5. Que font les gitans pendant la cérémonie?

_____

6. Comment s'appellent les hommes à cheval?

_____

7. Comment sont habillées les gitanes?

_____

8. Combien de gitans existe-t-il environ aujourd'hui?

_____

B. Trouvez l'adjectif qui correspond à chacun des noms suivants.

difficulté—*difficile*

1. couleur
2. dispersion
3. invasion
4. légèreté
5. lourdeur
6. liberté
7. génie
8. médiocrité
9. oubli
10. remplacement

C. Trouvez le féminin des mots suivants:

un garçon—*une fille*

1. un gitan_____
2. un montreur_____
3. un historien_____
4. un saint_____

5. un diseur_____
6. un vendeur_____
7. un homme_____

D. Utilisez l'expression *de plus en plus.*

Les roulottes sont rares—Les roulottes sont *de plus en plus* rares.

1. Les gitans convergent vers la Camargue.

_____

2. Les jeunes gens s'intéressent à la vie romantique des gitans.

_____

3. Les traditions de ce peuple sont uniques.

_____

4. Leurs chansons et leurs danses expriment leur passion.

_____

5. Je rêve de parcourir le monde en caravane.

_____

E. Discussion: à discuter oralement ou par écrit.

1. Quels sont les aspects romantiques de la vie des gitans?

2. Est-ce que la vie des gitans vous intéresse? Pourquoi?

3. Vous êtes-vous quelquefois trouvé(e) dans une situation romantique ou aventureuse? Dans quelles circonstances?

Activité:

Imaginez que vous êtes gitan(e). Vous avez une caravane, un cheval, et quelques amis avec lesquels vous voyagez. Comment allez-vous occuper votre temps? Choisissez les activités que vous aimeriez. Discutez et comparez vos choix avec d'autres étudiants.

—être diseur (diseuse) de bonne aventure
—entraîner les ours à danser
—vendre de l'or dans les pays étrangers
—voyager à la recherche d'aventures différentes
—jouer de la guitare et des castagnettes
—parcourir le monde entier avec mes amis
—enseigner aux touristes les danses des gitans
—étudier le soleil et le vent pour m'orienter
—élever les chevaux blancs en Camargue
—rejoindre tous les gitans du monde chaque année
   pour un grand pèlerinage
—fabriquer des roulottes en bois
—?

LA MAISON SAINT LAURENT, QU'EST-CE QUE C'EST?

Deux fois par an les maisons de «haute couture» de Paris présentent des collections de mode d'été et d'hiver. À présent il existe vingt-trois maisons, y compris Dior, Cardin, Courrèges et Lanvin. Mais la vraie «superstar» c'est Yves Saint Laurent dont la collection varie de complets pratiques de jour aux robes romantiques des gitanes. Voici une entrevue d'Yves Saint Laurent par Dominique Ferbos de *Paris Match*.

Les collections Yves Saint Laurent bouleversent chaque année le monde de la mode. Cela s'explique peut-être par un chiffre d'affaires annuel qui atteint 200 millions de dollars.

En 1961, quand Yves Saint Laurent ouvrit sa première maison, elle comptait 80 ouvrières. Aujourd'hui il a 245 employés. Il possède également une fabrique de chaussures, un atelier de chapeaux, et huit personnes dans son entourage immédiat composent son atelier personnel de création. Cent onze boutiques se répartissent dans le monde entier, y compris une succursale de «prêt-à-porter» pour hommes. Et Yves

la haute couture *high-fashion dressmaking*
la collection de mode *fashion show*
y compris *including*

le complet *suit*

une entrevue *interview*

bouleverser *to disrupt, to agitate*
le chiffre d'affaires *turnover*

un atelier *studio*

se répartir *to be divided*
y compris *including*
la succursale *branch*

SAINT LAURENT:

Saint Laurent ne s'occupe pas seulement de sa maison de couture, il crée aussi des parfums, des bas, des cravates, des parapluies, des foulards, des bijoux, de la lingerie, des moquettes, et d'autres accessoires de luxe. Un total de 4,415 personnes sont plus ou moins au service exclusif de sa marque. Depuis 1974 la maison occupe l'hôtel particulier du 5, ave. Marceau, au centre de Paris.

le prêt-à-porter   *ready-to-wear*

le parapluie   *umbrella*
la moquette   *carpet*

Yves Saint Laurent a la silhouette haute et mince et les lunettes d'un étudiant américain. Avec cela une allure élégante et un visage pâle. Il est né en Algérie.

une allure   *look, style*

«Je veux donner aux femmes une garde-robe universelle,» dit-il. Avec les blue-jeans, elles acquièrent une attitude nouvelle et l'illusion d'une éternelle jeunesse.» Il ajoute, «Être moderne, c'est pouvoir adapter ses vêtements de jour aux sorties du soir.» La jeunesse reste pour lui l'élément essentiel: «J'ai toujours été influencé par les jeunes. Plus je vieillis, plus mes collections sont jeunes.»

la garde-robe   *wardrobe*

la jeunesse   *youth*

plus je vieillis   *the more I age*

Le secret de sa réussite? Se remettre toujours en question, rester à l'écoute des moins de vingt ans, puiser son inspiration dans l'art, l'histoire et le folklore, et enfin et surtout laisser libre cours à son imagination.

se remettre en question   *to question oneself*
puiser   *to draw*

libre cours   *free rein*

A. Répondez aux questions par des phrases complètes:

1. Qui est Yves Saint Laurent? _____

_____

2. Combien d'employés y a-t-il actuellement dans sa maison de couture?

_____

3. Que fait-il pour les hommes? _____

4. Est-ce que la marque Yves Saint Laurent fabrique autre chose?

_____

5. Décrivez Yves Saint Laurent. _____

6. Quelle sorte de garde-robe veut-il donner aux femmes?

_____

7. Quelle illusion donne-t-il aux femmes? _____

8. Par qui a-t-il été influencé? _____

Créole
Blouse en
coton Blanc
avec dentel
le Blanche
ceinture de
satin rose
Capeline
de +aille
Base clair
catogan
de
satin rose
jupe
de
coton gaufi
fré Blanc

espadrille
Blanche

Noeud
Papillon
géant
de velours
noir et
Tom Boules
or
collier
passemen
terie noire
et or
Blouse de
georgette
noir et
dentelle
noir
jupe de
gros coton
noir
cordelière noire
chaussure d'or zes

corselet de coton
Kati
jupe étamine
de coton noir
châle multi
colore
Bas noir

Camisole
de coton Kati
Blouse violette
cordelière noire
châle de
shantung
Beige et vert
jupe noire
galonnée de
coton noir

espadrille de Satin

corselet de coton
noir
jupe de coton
noir avec croquet noir
châle de crepe de chine
noir à roses rouges

142

Chemise de
popeline noire. Blouse de
coton rayé Bleu marine et noir
ceinture marron clouté d'or.

Sandale
compasie
en cuir
marron
perforée
jupe
popeli
ne
marron

Blouse de coton noir. T. Shirt
de soie noire liseré or. Ceinture
ne de passementerie noire et
sequins d'or. jupe de coton noir

Coton Blanc

ensemble en popeline Beige clair
espadrille

143

B. Cherchez dans le texte les mots définis ci-dessous:

1. tous les vêtements d'une personne:_____

2. personne au service de quelqu'un: _____

3. magasin: _____

4. personnes jeunes:_____

5. succès: _____

C. Répondez *vrai* ou *faux*:

_____ 1. Yves Saint Laurent a une maison de couture à Dallas.

_____ 2. Ses robes bouleversent le monde de la mode.

_____ 3. Yves Saint Laurent est très influencé par les jeunes gens.

_____ 4. C'est un petit homme aux yeux bleus.

_____ 5. Yves Saint Laurent a donné une attitude nouvelle aux femmes.

_____ 6. Les femmes ne doivent jamais s'habiller en blue-jeans.

_____ 7. Yves Saint Laurent est né en France.

D. Discussion: oralement ou par écrit.

1. Quelles sortes de vêtement aimez-vous porter? _____

2. Est-ce que beaucoup de femmes portent des blue-jeans dans votre école?

   _____

3. À votre avis, pourquoi la mode change-t-elle chaque année?

   _____

4. Est-ce que les femmes françaises s'habillent mieux que les femmes américaines?

   _____

E. Décrivez votre garde-robe en employant le vocabulaire suivant:

des sous-vêtements

des pyjamas

un pull-over

un chapeau

un manteau

des chaussettes

des souliers

une jupe

une robe

un maillot de bain

un short

une veste

un complet

une cravate

une chemise

une blouse

un pantalon

F. Trouvez le mot convenable:

1. Quand il fait froid je porte un _____.

2. _____ protègent les pieds.

3. On porte _____ sur la tête.

4. On porte un _____ pour nager.

5. _____ est un pantalon court.

146

LE DROMADAIRE MÉCONTENT

Jacques Prévert

mécontent *displeased*

Un jour, il y avait un jeune dromadaire qui n'était pas content du tout.

du tout *at all*

La veille, il avait dit à ses amis: «Demain, je sors avec mon père et ma mère, nous allons entendre une conférence, voilà comme je suis moi!»

la veille *night before*
avait dit *had said*
la conférence *lecture*

Et les autres avaient dit: «Oh, oh, il va entendre une conférence, c'est merveilleux,» et lui n'avait pas dormi de la nuit tellement il était impatient et voilà qu'il n'était pas content parce que la conférence n'était pas du tout ce qu'il avait ima-

dormir *to sleep*
voilà qu'il n'était pas *and now he wasn't*
ce que *that which*

147

giné: il n'y avait pas de musique et il était déçu, il s'ennuyait beaucoup, il avait envie de pleurer.

Depuis une heure trois quarts un gros monsieur parlait. Devant le gros monsieur, il y avait un pot à eau et un verre à dents sans la brosse et de temps en temps, le monsieur versait de l'eau dans le verre, mais il ne se lavait jamais les dents et visiblement irrité il parlait d'autre chose, c'est-à-dire des dromadaires et des chameaux.

Le jeune dromadaire souffrait de la chaleur, et puis sa bosse le gênait beaucoup; elle frottait contre le dossier du fauteuil, il était très mal assis, il remuait.

Alors sa mère lui disait: «Tiens-toi tranquille, laisse parler le monsieur:,» et elle lui pinçait la bosse, le jeune dromadaire avait de plus en plus envie de pleurer, de s'en aller . . .

Toutes les cinq minutes, le conférencier répétait: «Il ne faut surtout pas confondre les dromadaires avec les chameaux, j'attire, mesdames, messieurs et chers dromadaires, votre attention sur ce fait: le chameau a deux bosses mais le dromadaire n'en a qu'une!»

Tous les gens de la salle disaient: «Oh, oh, très intéressant,» et les chameaux, les dromadaires, les hommes, les femmes et les enfants prenaient des notes sur leur petit calepin.

Et puis le conférencier recommençait: «Ce qui différencie les deux animaux, c'est que le dromadaire n'a qu'une bosse, tandis que, chose étrange et utile à savoir, le chameau en a deux . . .»

À la fin le jeune dromadaire en eut assez et se précipitant sur l'estrade, il mordit le conférencier:

«Chameau!» dit le conférencier furieux.

Et tout le monde dans la salle criait: «Chameau, sale chameau, sale chameau!»

Pourtant c'était un dromadaire, et il était très propre.

---

déçu disappointed
s'ennuyer to get bored
pleurer to cry

le pot à eau pitcher of water
le verre à dents tooth-glass
verser to pour
laver to wash
c'est-à-dire namely, that is to say
le chameau camel, also insult: beast, dirty dog

la chaleur heat
la bosse hump
gêner to bother
frotter to rub
le dossier du fauteuil back of an armchair
remuer to move

le fait fact

le calepin notebook

tandis que while   **utile** useful
savoir to know

en avoir assez to have enough
une estrade stand
mordre to bite

sale dirty

propre clean

A. Mettez les verbes suivants au présent: les gens *disaient*—les gens *disent*

1. *il y avait* un jeune dromadaire *qui n'était* pas content

_____

2. *il avait dit* à ses amis

_____

3. *il n'avait pas dormi* de la nuit tellement *il était impatient*

_____

4. la conférence *n'était pas ce qu'il avait imaginé*

_____

5. *il ne se lavait jamais* les dents

_____

6. *ils prenaient des notes* sur leur petit calepin

_____

7. et puis *le conférencier recommençait*

_____

8. le jeune dromadaire *souffrait de la chaleur*

_____

B. Répondez aux questions par des phrases complètes:

1. Pourquoi le jeune dromadaire n'est-il pas content?

_____

2. Pourquoi n'avait-il pas dormi de la nuit?

_____

3. Décrivez la conférence.

_____

4. Qui parlait?

_____

5. Qu'est-ce qu'il y avait devant lui?

_____

6. De quoi parlait-il?

_____

7. Le jeune dromadaire était-il confortable?

_____

8. Qu'est-ce qui le gênait beaucoup?

_____

9. Qu'est-ce que sa mère disait?

_____

10. Qu'a-t-elle fait?

_____

11. Qu'est-ce que le conférencier répétait toutes les cinq minutes?

_____

12. Quelle est la différence entre un dromadaire et un chameau?

_____

13. Est-ce que les gens de la salle s'intéressaient à la conférence?

_____

14. Sur quoi prenaient-ils des notes?

_____

15. Avez-vous un calepin?

_____

16. Qu'est-ce que le jeune dromadaire a fait finalement?

_____

17. Est-ce que le conférencier était content?

_____

18. Quelle insulte a-t-il fait au dromadaire?

_____

19. Est-ce qu'il était vraiment un chameau, et était-il vraiment sale?

_____

20. Est-ce que le conférencier savait la différence entre un chameau et un dromadaire?

_____

C. Utilisez chacunes des expressions suivantes dans une phrase originale:

1. voilà que _____

2. avoir envie de _____

3. depuis _____

4. de temps en temps _____

5. souffrir de_____

6. se tenir _____

7. de plus en plus _____

8. tandis que _____

9. en avoir assez _____

D. Trouvez *l'antonyme*:

ennuyeux—*intéressant*

1. sale _____   3. calme_____

2. maigre _____   4. le froid _____

5. patient _____

E. Trouvez le *synonyme*:

parfois—*de temps en temps*

1. l'homme _____   3. paisible _____

2. bouger _____   4. bizarre _____

5. écouter _____

LE PETIT CHAPERON ROUGE

Connaissez-vous des contes d'enfant?

Les petits Français, comme tous les enfants du monde, aiment bien les fables et les récits d'aventures imaginaires.

Les contes assemblés par Charles Perrault (1628–1702) sont parmi les mieux connus: «Ma Mère l'Oie,» «Cendrillon,» «Barbe-Bleue.» Mais ces contes ne sont pas écrits uniquement pour l'amusement des enfants. Au contraire. Ils ont eu un grand succès littéraire au 17ᵉ siècle et sont de veritables documents historiques et philosophiques.

Connaîssez-vous l'histoire du «Petit Chaperon Rouge»? En voici une adaptation en français:

le chaperon   *hood*

le conte   *fairy-tale*

le récit   *story*

mieux connus   *better known*
la barbe   *beard*

le siècle   *century*

Il était une fois une petite fille de village, la plus jolie du monde: sa mère en était folle, et sa grand-mère plus encore. Cette bonne femme lui avait fait un petit chaperon rouge qui lui allait si bien, que partout on l'appelait le Petit Chaperon Rouge.

il était une fois   *once upon a time*

plus encore   *even more*

aller bien   *to fit well, to be becoming*

Un jour, sa mère, qui avait fait des galettes, lui dit: «Va voir comment se porte ta grand-mère, car on m'a dit qu'elle était malade. Porte-lui une galette et ce petit pot de beurre.» Le Petit Chaperon Rouge est parti aussitôt pour aller chez sa grand-mère, qui demeurait dans un autre village.

la galette   *flat cake, cookie*

se porter   *to be (aller)*

En passant dans un bois, elle a rencontré le loup, qui avait bien envie de la manger; mais il n'osait pas, à cause de quelques bûcherons qui étaient dans la forêt. Il lui a demandé où elle allait. La pauvre enfant, qui ne savait pas qu'il était dangereux de s'arrêter à écouter un loup, lui dit: «Je vais voir ma grand-mère, et lui porter une galette, avec un petit pot de beurre, que ma mère lui envoie. —Demeure-t-elle bien loin? lui dit le loup. —Oh! oui, dit le Petit Chaperon Rouge; c'est par delà le moulin que vous voyez là-bas, à la première maison du village. —Eh bien! dit le loup, je veux aller la voir aussi; je m'y en vais par ce chemin-là; et nous verrons qui plus tôt y sera.»

oser   *to dare*

le bûcheron   *woodcutter*

envoyer   *to send*
demeurer   *to live*
par delà   *beyond*
le moulin   *mill*

le chemin   *path*
plus tôt   *earliest*

Le loup s'est mis à courir de toute sa force par le chemin le plus court, et la petite fille s'en est allée par le chemin le plus long, s'amusant à cueillir des noisettes, à courir après les papillons, et à faire des bouquets de petites fleurs.

s'est mis *began (se mettre)*

cueillir *to pick*
la noisette *hazel-nut*

(Le loup arrive bien avant le Petit Chaperon Rouge, dévore la grand-mère, et se met à sa place. Nous continuons l'histoire quand la petite fille y arrive, regarde sa grand-mère, et lui dit:)

«Ma grand-mère, que vous avez de grands bras! —C'est pour mieux t'embrasser, ma fille! —Ma grand-mère, que vous avez de grandes jambes! —C'est pour mieux courir, mon enfant! —Ma grand-mère, que vous avez de grandes oreilles! —C'est pour mieux écouter, mon enfant! —Ma grand-mère, que vous avez de grands yeux! —C'est pour mieux voir, mon enfant! —Ma grand-mère, que vous avez de grandes dents! —C'est pour te manger! Et, en disant ces mots, ce méchant loup s'est jeté sur le Petit Chaperon Rouge, et l'a mangé.

embrasser *to hug*

A. Complétez les phrases par le verbe qui convient:

manger   connaître

courir   envoyer

1. La mère du Petit Chaperon Rouge _____ une galette et un pot de beurre à la grand-mère.
2. Les loups sont des animaux qui _____ très vite.
3. Nous _____ tous les contes d'enfants.
4. Le méchant loup veut _____ la petite fille.
5. Le Petit Chaperon Rouge prend le chemin le plus long et _____ après les papillons.
6. _____-vous l'histoire de Cendrillon?

B. Changez les phrases suivantes:

Vous avez un joli chapeau.—*Que vous avez un joli chapeau!*

1. Il est méchant. _____
2. Nous sommes fatigués aujourd'hui. _____
3. Il faisait beau hier. _____
4. C'est ridicule. _____
5. Je suis content. _____

Le loup court vite.—Le loup *se met* à courir vite.

1. La petite fille fait un bouquet. _____
2. Nous travaillons à six heures. _____
3. Ils embrassent les enfants. _____
4. Elle prépare des galettes. _____
5. Tu écoutes les bûcherons. _____

C. Choisissez le verbe qui correspond à la partie du corps:

_____ les yeux   aimer

_____ la bouche   embrasser

_____ le bras   regarder

_____ les jambes   écouter

_____ le coeur   penser

_____ la tête   courir

_____ les oreilles   parler

                              toucher

                              manger

D. Questions: répondez par des phrases complètes:

1. Pourquoi appelle-t-on la petite fille «le Petit Chaperon Rouge»?

2. Que porte-t-elle à sa grand-mère?

3. Pourquoi le loup prend-il le chemin le plus court?

4. Que fait le Petit Chaperon Rouge sur le chemin le plus long?

5. Comment le conte finit-il?

LES NOUVEAUX PHILOSOPHES

Très jeunes, dans leur famille, dans la rue, à l'école, les enfants français sont exposés aux discussions politiques. Il n'est donc pas étonnant qu'il existe un groupe de jeunes philosophes de gauche avec des idées toutes nouvelles. Grâce à eux, Paris est aujourd'hui le foyer d'un des mouvements, intellectuels les plus révolutionnaires depuis l'avènement de l'existentialisme.

étonnant *surprising*
grâce à *thanks to*
le foyer *focus, center*
un avènement *advent*

La gauche occupe dans la vie politique française une place très importante et attire un grand nombre de jeunes intellectuels qui adhèrent à «l'eurocommunisme,» une forme de communisme qui respecte l'idée nationale. Ils refusent en principe l'hégémonie de l'Union Soviétique et dénoncent son impérialisme.

attirer *to attract*

l'hégémonie *authority*

La coalition de gauche comprend deux groupes principaux: le parti socialiste et le parti communiste. Cette alliance, supportée par plus de la moitié des votes, n'a pas un front solide et subit des conflits internes.

comprendre *to comprise*

la moitié *half*
subir *to suffer, to endure*

159

Depuis 1975, un groupe de jeunes penseurs, dont la plupart étaient déjà marxistes, est devenu célèbre en France et dans les pays voisins. Brusquement, leurs noms et leurs visages apparaissent en première page dans les journaux, les revues et sur l'écran de la télévision. Leur philosophie est une véritable révolution contre Marx et Jean-Paul Sartre, le chef reconnu de la gauche intellectuelle française.

À la tête de cette nouvelle vague se trouve Bernard H. Lévy, un jeune écrivain de 28 ans. Son livre *La Barbarie à Visage Humain* exprime un pessimisme profond sur l'avenir d'une société fondée sur le rationalisme marxiste. Le plus respecté et le plus âgé, André Glucksmann, 40 ans, est l'auteur de *La Cuisinière et le Mangeur d'Hommes* et *Les Maîtres Penseurs*. Il y condamne les horreurs des camps de travaux forcés et dénonce les théories philosophiques allemandes du 19ᵉ siècle.

Quel est le thème général de cette jeune philosophie qui fait rage en France? Tous ces nouveaux penseurs rejettent le marxisme qu'ils trouvent totalitaire, inflexible et inhumain. Ils affirment qu'une telle idéologie ne peut se maintenir qu'avec la force et la terreur. À leurs yeux, elle est encore moins capable que le capitalisme de confronter les difficultés complexes de la vie actuelle.

Il est difficile de prévoir où conduira ce nouveau radicalisme. Mais, sans aucun doute, le Paris pensant traverse l'une des phases les plus excitantes des temps modernes.

dont *of which*
un penseur *thinker*
la plupart *the greater part*
célèbre *famous*
voisin *neighboring*

un écran *screen*

reconnu *recognized*

la vague *wave, surge*
un écrivain *writer*

exprimer *to express*

la cuisinière *cook*

travaux forcés *penal servitude*

faire rage *to be the rage*
rejeter *to reject*

telle *such*
à leurs yeux *in their eyes*

conduire *to lead*

aucun doute *any doubt*
pensant *thinking*
traverser *to go through*

A. Questions:

1. Qu'est-ce que «l'eurocommunisme»?

2. Donnez les noms de deux «nouveaux philosophes.»

3. Que pensent les «nouveaux philosophes» du Marxisme?

4. Quels groupes forment la gauche en France?

5. Quel est le fondateur de cette philosophie?

B. Complétez:

1. Le chef du parti communiste en France s'appelle_____.

2. L'auteur des *Maîtres Penseurs* est _____.

3. _____ est le chef du parti socialiste francais.

4. Les nouveaux penseurs rejettent le _____.

5. _____ est le chef de ces nouveaux philosophes.

C. Mettez les phrases suivantes au futur:

Les penseurs *n'acceptent pas* le Marxisme.—
                    Les penseurs *n'accepteront pas* le Marxisme.

1. Jean-Paul Sartre *est* le chef de la gauche intellectuelle.

   _____

2. Ces jeunes penseurs *ont écrit* quatorze livres.

   _____

3. Nous *discutons* la politique en famille.

   _____

4. Bernard H. Lévy *a* des idées pessimistes.

   _____

5. Vous *rejetez* les anciennes idées.

   _____

D. Formez le nom convenable:

penser—*le penseur*

1. manger _____
2. supporter _____
3. fonder _____
4. défendre _____
5. camper _____

E. Trouvez l'adjectif:

la philosophie—*philosophique*

1. l'humanité _____
2. la complexité _____
3. l'intelligence _____
4. la généralité _____
5. le respect _____

LE PETIT PRINCE

Antoine de Saint-Exupéry

Antoine de Saint-Exupéry (1900–1944) est un des pionniers
de l'aviation commerciale française. Il a disparu en Méditerranée au cours d'un vol de reconnaissance pendant la guerre.
Le Petit Prince est une histoire charmante publiée en 1943, où
l'écrivain mélange ses idées philosophiques à la poésie et la
fantaisie. Après avoir quitté sa planète le Petit Prince arrive
sur la terre où il rencontre Renard qui lui raconte sa vie.

au cours de *during*
le vol *flight*

mélanger *to mix*

raconter *to tell*

Ma vie est monotone. Je chasse les poules, les hommes me
chassent. Toutes les poules se ressemblent, et tous les hommes
se ressemblent. Je m'ennuie donc un peu. Mais si tu m'appri-
voises, ma vie sera comme ensoleillée. Je connaîtrai un bruit
de pas qui sera différent de tous les autres. Les autres pas me
font rentrer sous terre; le tien m'appellera hors du terrier,
comme une musique. Et puis regarde! Tu vois, là-bas, les
champs de blé? Je ne mange pas de pain. Le blé pour moi est
inutile. Les champs de blé ne me rappellent rien. Et ça c'est
triste. Mais tu as des cheveux couleur d'or. Alors, ce sera merveilleux quand tu m'auras apprivoisé. Le blé, qui est doré, me
fera souvenir de toi. Et j'aimerai le bruit du vent dans le
blé . . . Si tu veux un ami, apprivoise-moi . . .

chasser *to hunt*
la poule *hen*

s'ennuyer *to get bored*
apprivoiser *to tame*
le bruit *noise*
le pas *footstep*
hors *out*   le terrier *hole, burrow*

le champ *field*   le blé *wheat*
rappeler *to remind*
couleur d'or *golden color*

le vent *wind*
si tu veux *if you want*

—Que faut-il faire? dit le petit prince.

—Il faut être très patient, répondit le renard. Tu t'asseoiras
d'abord un peu loin de moi, comme ça, dans l'herbe. Je te
regarderai du coin de l'oeil et tu ne diras rien. Le langage est
source de malentendus. Mais chaque jour, tu pourras t'asseoir
un peu plus près . . .

s'asseoir *to sit oneself*

le coin de l'oeil *corner of one's eye*
le malentendu *misunderstanding*

163

A. Répondez aux questions suivantes par des phrases complètes:

1. Comment est la vie du renard?

   _____

2. Que fait-il?

   _____

3. Qui le chasse?

   _____

4. Est-ce que les hommes l'aiment?

   _____

5. Est-ce que sa vie est intéressante?

   _____

6. Veut-il être apprivoisé par le Petit Prince?

   _____

7. Pourquoi?

   _____

8. Comment les pas du Petit Prince seront-ils différents?

   _____

9. Pourquoi n'a-t-il pas peur du Petit Prince?

   _____

10. Est-ce que les renards mangent du blé?

    _____

11. Que mangent-ils?

    _____

12. Pourquoi le blé sera-t-il un souvenir du Petit Prince pour le renard?

    _____

13. Que faut-il faire pour apprivoiser le renard?

    _____

14. Pourquoi le Petit Prince ne dira-t-il rien?

    _____

15. Que fera-t-il chaque jour?

_____

16. Pensez-vous qu'il soit possible d'apprivoiser un renard de cette manière?

_____

B. Mettez les phrases suivantes au futur:

Je *parle* français.—Je *parlerai* français.

1. Ma vie *est* très intéressante. _____

2. Nous *connaissons* des étudiants américains. _____

3. Je *fais* une promenade. _____

4. Tu *t'assieds* près du renard. _____

5. Vous *pouvez* parler avec l'homme._____

C. D'après le texte, trouvez un adjectif convenable pour les noms suivants:

ensoleillement—*ensoleillé*

1. monotonie _____   3. or _____

2. tristesse_____   4. inutilité _____

5. apprivoisement_____

D. Imaginez un animal que vous auriez pour ami et avec qui vous avez une conversation:

1. Quel est cet animal? _____

2. Comment allez-vous l'apprivoiser? _____

3. De quoi parlerez-vous ensemble? _____

4. Que ferez-vous ensemble? _____

5. Sera-t-il complètement apprivoisé? _____

6. Sera-t-il domestiqué? _____

7. Qu'est-ce qu'il mangera?_____

8. Quelles seront ses qualités d'ami? _____

LUCKY LUKE

«Lucky Luke» est l'archétype du bon et brave cow-boy américain; il est courageux, loyal, prude, généreux, et ne boit pas. Il a certainement été influencé dans son enfance par Zorro, le défenseur de la veuve et de l'orphelin.

la veuve *widow*

C'est une bande très connue et très populaire en France, qui est comique, certes, mais qui présente quelques gros défauts culturels et idéologiques:

•culturels: New York est la capitale des USA. L'ouest américain commence en banlieue. Tous les Américains sont des cow-boys. Ils roulent leurs cigarettes de la main gauche en tirant du Colt de la droite. Ils boivent du whisky et du lait.

la banlieue *suburb*

•idéologiques: Le monde de Lucky Luke est fort simple et se compose de deux sortes de gens: les bons et les mauvais. Il y a également deux sortes d'Indiens: les bons qui vivent harmonieusement dans des réserves avec les visages pâles, et les mauvais, corrompus par de méchants blancs qui leur fournissent du whisky et des Winchesters.

Toutes les femmes font appel à la protection de Lucky Luke, le grand héros légendaire.

faire appel *to call upon*

se battre *to fight*
tirer *to draw (a gun)*

s'écarter   *to step aside*

descendu   *shot down*

s'enfuir   *to escape*
dorénavant   *from now on, henceforth*

A. Complétez les phrases suivantes:

1. Un autre mot pour «modèle idéal» est _____.

2. L'un des _____ c'est que New York est la capitale des USA.

3. Le monde de Lucky Luke est fait de gens _____ et _____.

4. Le synonyme de «blanc» est _____.

B. Toute culture a des idées stéréotypées. Dans la liste suivante identifiez les clichés des Français (F) vus par les Américains, ou des Américains (A) vus par les Français.

_____ a. ils boivent trop de vin

_____ b. ce sont des capitalistes

_____ c. ils mettent du ketchup sur tout ce qu'ils mangent

_____ d. ils n'ont pas de patience avec les gens qui ne parlent pas leur langue

_____ e. ils parlent avec leurs mains

_____ f. ils sont tous grands et blonds

_____ g. ils sont tous très sportifs

_____ h. ils sont obsédés par le confort matériel

_____ i. ils conduisent comme des fous

_____ j. ils sont très impressionnés par les autos

_____ k. tous les hommes portent des bérets

_____ l. ils ne boivent que du Coca-Cola

C. Questions:

1. Qui est Lucky Luke?

2. Comment s'appelle le personnage qui accompagne la jeune femme?

3. Décrivez Lucky Luke.

4. Comment s'appelle la ville américaine dans la bande?

5. Qu'a fait Leroy?

6. Décrivez Leroy.

7. Comment l'histoire finit-elle?

D. Changez la phrase au futur proche.

Lucky Luke *tire* vite.—Lucky Luke *va tirer* vite.

1. La jeune femme *aime* Lucky Luke.

2. Les héros *sont* grands et beaux.

3. Nous *habitons* une ville dans l'ouest.

4. Wyatt Earp *a* un nom légendaire.

5. Vous *visitez* le pays des «cow-boys.»

E. Questions personnelles:

1. Pourquoi les clichés sont-ils si communs?

2. Donnez d'autres idées stéréotypées que vous avez des Français et de la France?

3. A votre avis, est-il regrettable de généraliser sur un peuple? Pourquoi?

WINNIE L'OURSON

un ourson *cub*

A.A. Milne

Connaissez-vous l'histoire de Winnie l'Ourson? C'est une histoire charmante aussi bien connue en France qu'aux États-Unis et aussi appréciée par les adultes que par les enfants. Voici un chapitre de ce célèbre ours en peluche et son ami Jean-Christophe.

un ours en peluche *stuffed bear*

CHAPITRE PREMIER

Où l'on fait la connaissance de Winnie l'Ourson
et de quelques abeilles
et où commence toute une série d'histoires

une abeille *bee*

BOUM! BOUM! BOUM! Voici l'ours en peluche qui descend l'escalier derrière Jean-Christophe. Sur le dos, la tête en bas, c'est la seule manière qu'il connaisse de descendre un escalier. Quelquefois, il lui arrive de se demander s'il n'existe pas une autre façon de s'y prendre. Mais comment voulez-vous réfléchir sérieusement quand votre tête fait BOUM! à toutes les marches? Alors il se dit qu'après tout il n'y a peut-

en bas *below*

s'y prendre *to go about it*

la marche *step*

être pas moyen de faire autrement, et il n'insiste pas. Aucune importance, d'ailleurs, puisque le voilà déjà arrivé au rez-de-chaussée. Je profite de l'occasion pour vous le présenter: Winnie l'Ourson.

le moyen de faire autrement *what else can one do*

La première fois que j'ai entendu son nom, j'ai dit à Jean-Christophe:

«Tu ne peux pas l'appeler Winnie, voyons!

—Pourquoi?

—Parce que c'est un nom de fille.

—Oui, mais lui, c'est Winnie l'Ourson.

—Ah! je comprends!» dis-je. Et j'espére que vous comprenez aussi, parce que Jean-Christophe ne m'a pas donné d'autre explication.

C'est l'heure où Winnie aime jouer à quelque chose, à moins qu'il ne s'asseye tranquillement au coin du feu pour écouter une histoire. Et ce soir-là, justement, Jean-Christophe s'approche de moi.

à moins que *unless*

«Tu ne voudrais pas être bien gentil? me demande-t-il.

—Comment cela?

—Tu ne voudrais pas raconter une histoire à Winnie?

—Je veux bien, mais une histoire de quoi?

—Une histoire de lui. C'est ce qu'il aime le mieux. Il est comme ça, Winnie l'Ourson.

—Bon, dis-je. Mais crois-tu que je saurai?

—Sûrement.

—Alors, je vais essayer.»

Et voici comment débuta mon histoire:

Il y a très longtemps (ce devait être jeudi ou vendredi de la semaine dernière), Winnie l'Ourson vivait tout seul dans une grande forêt sous le nom de M. Martin.

«Qu'est-ce que ça veut dire, sous le nom? demanda Jean-Christophe.

—Ça veut dire qu'il y avait au-dessus de sa porte une pancarte sur laquelle ce nom-là était écrit en belles lettres d'or. Et comme il aimait bien se tenir sur le pas de sa porte, sous la pancarte, il vivait donc sous le nom de M. Martin.

—Merci, murmura Jean-Christophe. J'ai demandé ça parce que Winnie n'était pas tout à fait sûr d'avoir bien compris. Il faut toujours qu'on lui explique, tu sais.

—Maintenant, ça va, fit une grosse petite voix.

—Bon. Alors, je continue», dis-je.

Un jour qu'il se promenait dans la forêt, il arriva dans une clairière. Au milieu de la la clairière il y avait un grand chêne et, tout là-haut, dans le feuillage, on entendait comme un bourdonnement, bzz,bzz,bzz!

Winnie l'Ourson s'assit au pied du chêne, se prit la tête entre les pattes et se mit à réfléchir.

«Voyons, se dit-il. Si j'entends comme un bourdonnement, c'est qu'il y a là-haut quelque chose qui bourdonne. Et si ça bourdonne là haut, ça ne bourdonne sûrement pas pour rien. Et puisque ça ne bourdonne pas pour rien, ça bourdonne parce qu'il y a des abeilles.»

Ayant ainsi raisonné, il réfléchit encore un bon moment puis reprit:

ayant *having*

«Et s'il y a des abeilles, il y a de grandes chances qu'il y ait aussi du miel.»

Là-dessus, il se leva.

«Et s'il y a du miel, conclut-il, c'est pour que j'en mange.»

le miel *honey*
pour que *in order that*

Alors il se mit à grimper à l'arbre.

grimper *to climb*

Et je te grimpe!

Et je te monte!

Et je te hisse!

hisser *to hoist, to pull up*

Et je te grogne!

grogner *to grunt*

Et tout en grimpant, tout en montant, tout en grognant, il se chantait une petite chanson de sa composition dont voici à peu près les paroles:

tout en *while*

Bzz! Bzz! Bzz! Pourquoi donc les ours
   Sont-ils aussi friands de miel?
Bzz! Bzz! Pourquoi faut-il toujours
   Aller le chercher jusqu'au ciel?

friand de *fond of*

Winnie l'Ourson montait toujours. Plus haut, encore plus haut. Il s'arrêta pour souffler un peu.

«Si les abeilles étaient des ours, se dit-il, elles n'iraient pas se nicher comme ça, au plus haut d'un arbre. Elles s'installe-raient en bas, et ce serait bien commode. Je n'aurais pas be-soin de me fatiguer à grimper . . . À vrai dire, ajouta-t-il après un instant de réflexion, cela n'arrangerait rien du tout: parce que, si les abeilles étaient des ours, elles ne fabrique-raient pas de miel.»

nicher *to nest, to perch*

Encore plus haut, toujours plus haut. Winnie commençait à être vraiment fatigué. Mais il touchait presque au but.

le but *goal*

«Ça y est, m'y voilà! dit-il avec un soupir de satisfaction. Je n'ai plus qu'à allonger la patte, et . . .»

ça y est *that's it*

Crac! La branche céda sous son poids et il bascula dans le vide.

«Saperlipopluche! s'écria-t-il en heurtant violemment une autre branche, deux mètres plus bas. Comment ai-je fait mon compte? Je voulais . . .»

«Aie! fit-il en s'abattant sur une troisième branche. Je voulais simplement . . .»

s'abattre sur *to fall down on, to crash*

Il pirouetta en arrière et vint donner de la tête sur une quatrième branche.

donner de la tête *to hit one's head*

«Ouille! . . . Je voulais simplement allonger . . .»

La rencontre avec une nouvelle branche l'interrompit dans son raisonnement. «Cinq!» grogna-t-il. Puis, résigné, il compta les étapes de de sa chute: "Six! . . . sept! . . . huit! . . . neuf! . . .:

Il avait à peine eu le temps de dire adieu à la plus basse branche qu'il se sentit partir en vol plané. Il fit trois tours sur lui-même et vint atterrir gracieusement au beau milieu d'un buisson d'épines.

en vol plané *in a glide*
au beau milieu *right in the middle*

«Hou! ça pique! gémit-il. Je voulais simplement allonger la patte, et . . . Malheur de malheur! Le miel est resté là-haut, et moi j'ai mon pauvre petit nez comme une pelote à épingles!»

la pelote à épingles *pin-cushion*

Il se dégagea non sans mal, retira délicatement les épines qui étaient plantées dans son museau, puis reprit le cours de ses pensées. Et la première personne à laquelle il pensa fut son ami Jean-Christophe.

(«C'était moi? demanda timidement Jean-Christophe, osant à peine le croire.

osant *daring*

—Oui, c'était toi», répondis-je.

Jean-Christophe ne dit rien, mais ses yeux devinrent de plus en plus grands et ses joues de plus en plus roses.)

A. Questions:

   1. Qui est Winnie l'Ourson?

   2. Comment descend-il l'escalier? Pourquoi?

   3. Quelle est l'explication de Jean-Christophe du nom "Winnie"?

   4. En général, qu'est-ce que Winnie aime faire le soir?

   5. Qu'est-ce que Jean-Christophe a demandé à l'auteur ce soir-là?

6. Pourquoi Jean-Christophe a-t-il demandé une explication de «sous le nom»?

7. Qu'est-ce qu'il y avait dans le grand chêne?

8. Qu'est-ce que les abeilles aiment?

9. Pourquoi Winnie est-il monté dans l'arbre?

10. Sur quoi est-il tombé?

B. Trouvez l'antonyme:

> En général les enfants aiment *monter* les escaliers
> —En général les enfants aiment *descendre* les escaliers.

1. Le petit ourson en peluche est déjà *parti.*

2. Ce matin-là, Winnie *s'éloigne* de son ami.

3. Les abeilles sont toujours très *méchantes.*

4. Il a laissé son livre *en bas.*

5. Le petit garçon est tombé *en avant.*

C. Suivez le modèle:

> Il n'était pas sûr . . . comprendre—Il n'était pas sûr d'avoir compris.

1. Il était mécontent . . . trouver les abeilles.

2. Winnie était fier . . . aller dans la forêt.

3. Jean-Christophe était fatigué . . . raconter l'histoire.

4. Les abeilles étaient heureuses . . . faire du miel.

D. Suivez le modèle:

> Il se chantait une chanson . . . Voici les paroles de la chanson.
> —Il se chantait une chanson dont voici les paroles.

1. Winnie est un ourson en peluche . . . Jean-Christophe est content de Winnie.

2. A.A. Milne est l'écrivain . . . *Winnie l'Ourson* est le livre de Milne.

3. Les abeilles sont des insectes . . . Les ours ont peur des abeilles.

4. Le miel est une substance . . . J'ai envie de miel.

E. Mettez les phrases suivantes au passé simple:

Il *est arrivé* dans une clairière—Il *arriva* dans une clairière.

1. Il *a réfléchi* encore un bon moment.

2. Nous *avons parlé* français dans la classe.

3. Je me *suis assise* au pied du chêne.

4. Vous *avez dit* que c'était l'ami de Jean-Christophe.

F. Activité: Winnie dit: «Si les abeilles étaient des ours elles n'iraient pas nicher comme ça.» Imaginez les situations suivantes et complétez les phrases.

1. Si les chats aimaient les chiens_____

2. Si le soleil était froid _____

3. Si tout le monde parlait la même langue_____

4. Si les serpents avaient des jambes _____

5. Si ce livre était écrit en italien _____

6. S'il n'y avait pas d'autos _____

7. Si les poissons pouvaient marcher _____

G. Voici une liste d'histoires d'enfants. Trouvez le numéro qui correspond à la lettre:

____ 1. Le Petit Chaperon Rouge   a. maltraitée par ses soeurs

____ 2. Les Trois Ours   b. héros légendaire anglais

____ 3. Blanche-Neige   c. ont eu la visite d'une petite fille

____ 4. La Mère l'Oie   d. une marionnette

____ 5. Cendrillon   e. ont construit trois maisons de matières dif-
                                        férentes

____ 6. Les Trois Petits Cochons   f. gros oiseau

____ 7. Alice au Pays des Merveilles g. mangée par un loup

____ 8. Robin des Bois   h. a eu beaucoup d'aventures uniques

____ 9. Pinocchio   i. habitait avec sept nains

VOCABULAIRE

The following vocabulary aims to be complete. It includes words found in the text, exercises and marginalia. Abbreviations used are: m.-masculine; f.-feminine; pl.-plural; irreg.-irregular verb; adj.-adjective.

abandonner to abandon
abattre to knock down, to kill; **s'abattre** to crash
abeille, f. bee
absolu, -e absolute
accélérer to speed up
accentuer to accentuate
accepter to accept
accessoire, m. accessory
accompagner to accompany
accompli, -e accomplished
accord, m. agreement; **être d' accord** to agree
accueillir (irreg.) to welcome
accusateur, m. accuser
acheter to buy, to purchase
acquérir (irreg.) to acquire
acteur, m. actor
actualité, f. news
adhérer to adhere to
admiratrice, f. female admirer
adorer to worship
affaires, f. pl. belongings, things; **chiffre d'affaires,** m. turnover; **hommes d'affaires,** m. businessman
affranchir to stamp
affreux, affreuse frightful, hideous
affronter to confront
Afrique, f. Africa
âge, m. age; **d'âge mûr** middle-aged
âgé, -e aged, older
agence, f. agency
s'agenouiller to kneel down
agent, m. agent, deputy; **agent de change,** m. stockbroker; **agent de police,** m. policeman
agglomération, f. built-up area
s'agir de to be the matter, to be the question
agité, -e agitated
agriculteur, m. farmer
aider to assist
aiguillette, f. thin slice of fowl
d'ailleurs besides, moreover
aimable friendly
aimer to like, to love
aîné, -e first born
ainsi thus
air, m. mien, look
aisance, f. comfort, ease
ajouter to add

Algérie, f. Algeria
algue, f. sea weed
allemand, m. German
allemand, -e German
aller (irreg.) to go, to walk; **aller bien** to be becoming
allonger to stretch
alors well, so; **c'est alors que** thus
allumer to light, to turn on
allure, f. look, demeanor
Alpes, f. pl. the Alps
alpinisme, m. mountaineering
amande, f. almond
amant, m. lover
âme, f. soul, spirit
améliorer to improve
américain, -e American
ami, -e friend
amiable friendly, courteous; **à l'amiable** peacefully
amitié, f. friendship
amusant, -e amusing
s'amuser to enjoy
an, m. year
analyse, f. analysis
ancien, ancienne old, ancient
anéantir to annihilate
angoisse, f. anguish
animal, m. animal
animé, -e animated
année, f. year
antonyme, m. antonym, opposite
août, m. August
s'apercevoir to notice
apparaître to appear
appareil, m. apparatus, machinery
apparition, f. appearance
appartement, m. apartment
appartenir (irreg.) to belong to
appeler (irreg.) to call, to name; **s'appeler** to be called
appel: bouton d'appel, m. call button; **faire appel** to call upon
apprécier to appreciate
apprendre to learn
après after; **d'après** according to
après-midi, m. afternoon
apprivoisement, m. taming

apprivoiser to tame
s'approcher to approach, to advance
approfondi, -e thorough
approprié, -e appropriate
arbre, *m.* tree
argent, *m.* silver, money
arme, *f.* weapon
armée, *f.* army
arpenteur, *m.* land surveyor
arrêter to stop, to arrest
arrière rear, behind
arriéré, -e retarded
arriver to arrive, to occur
artichaut, *m.* artichoke
artisan, *m.* craftsman
ascenseur, *m.* lift, elevator
asiatique Asiatic
Asie, *f.* Asia
assembler to collect
s'asseoir to sit (down)
assez enough
assiette, *f.* plate
assis, -e seated
s'associer à to associate with
s'assoupir to grow drowsy, to doze off
assurer to assure
astuce, *f.* guile, craftiness
atelier, *m.* studio
Atlante, *m.* from Atlantis
atmosphérique atmospheric
attacher to fasten, to attach
attaque, *f.* attack
atteindre (*irreg.*) to attain, to reach
attendre (*irreg.*) to wait
attentif, attentive attentive
attirer to attract
aucun, -e none, no one
aujourd'hui today
auparavant previously
aussi also
autant: en fair autant to do likewise
auto, *f.* car
autobus, *m.* bus
automne, *m.* autumn
autoroute, *f.* freeway
autre other
autrement otherwise, differently
avant before
avantage, *m.* advantage
avec with
avènement, *m.* coming, advent
avenir, *m.* future
aventure, *f.* adventure; **disense de bon aventure,**
    f. fortune teller

avertissement, *m.* warning
aveugle blind
avion, *m.* plane
avis, *m.* view, opinion
avocat, *m.* lawyer
avoir (*irreg.*) to have; **avoir besoin de** to need;
    avoir hâte to be eager; **avoir la grosse tête** to
    have things go to one's head; **avoir raison** to be
    right
avouer to avow, to confess
avril, *m.* April
ayant having

bagage, *m.* baggage
bagarre, *f.* scuffle
bain, *m.* bath; **maillot de bain,** *m.* bathing suit
balance, *f.* Libra, scale
balayeur, *m.* sweeper
bale, *f.* husk, chaff
ballon, *m.* balloon, ball
banane, *f.* banana
bande, *f.* strip, drawing; **bande dessinée,** *f.*
    cartoon strip
banlieue, *f.* suburb
banque, *f.* bank
banquette, *f.* seat
bar, *m.* sea bass, bar
barbare, *m.* barbarian
barbarie, *f.* barbarism
barbe, *f.* beard
barde, *m.* poet, singer
bas, **basse** low; **en bas** at the bottom
basculer to tumble, to rock, to swing
bataille, *f.* battle
bateau, *m.* boat, ship
bâton, *m.* stick, cane
beau, **belle** pretty, beautiful, handsome
beaucoup much, a lot of
bêche, *f.* spade
bélier, *m.* Aries, ram
belle (beau) pretty, beautiful
bénir to bless
benjamin, *m.* the youngest
béret, *m.* beret, cap
besoin, *m.* need; **avoir besoin de** to need
bête dumb, stupid
beurre, *m.* butter
bibliothèque, *f.* library
bicyclette, *f.* bicycle
bien, *m.* good, property; **bien de consommation,**
    m. consumer good
bien well, much, certainly, entirely; **aller bien** to
    be becoming; **bien que** although
bijou, *m.* jewel

blanc, blanche white
blé, *m.* wheat
bloc, *m.* block
blouse, *f.* blouse
boire (*irreg.*) to drink
bois, *m.* wood
boîte, *f.* box
bon, bonne good; **bon marché** cheap; **de bonne heure** early; **faire bon** to be nice (weather)
bonbon, *m.* candy
bonheur, *m.* luck, fortune, happiness
borne, *f.* marker, sign
bouchée, *f.* mouthful
bouger to move, to budge
bouleverser to disrupt, to agitate
bourdonnement, *m.* buzzing
Bourse, *f.* stock exchange
bout, *m.* end, top, point
bouteille, *f.* bottle
bouton, *m.* button, pimple; **bouton d'appel,** *m.* call button
boutique, *f.* shop
bras, *m.* arm
brièvement briefly
brillant, -e sparkling, bright
se briser to break
brosse, *f.* toothbrush
brouillard, *m.* fog
bruit, *m.* noise
brusque blunt, abrupt
bruyant, -e noisy
bûcheron, *m.* woodcutter
buisson, *m.* bush, thicket
bureau, *m.* office
buveur, *m.* drinker

cabine, *f.* booth
cadeau, *m.* present
cadet, *m.* the youngest
cadre, *m.* space, frame, executive staff
calepin, *m.* notebook
calorie, *f.* calorie
camion, *m.* truck, van
camp de concentration, *m.* concentration camp
camp de travaux forcés, *m.* forced labor camp
campagne, *f.* countryside
camper to camp, to live in camp
canard, *m.* duck
cancer, *m.* cancer
caneton, *m.* duckling
cantine, *f.* cafeteria
capacité, *f.* ability
capitaine, *m.* captain
capitale, *f.* capital

capturer to catch, to seize
caresser to touch, to caress
carie, *f.* tooth decay, cavity
carrière, *f.* career
cartable, *m.* satchel
cas, *m.* case; **dans ce cas** if so
casser to break
castagnette, *f.* castanet
cauchemar, *m.* nightmare
cause: à cause de because of
causer to cause
céder to yield, to break
ceinture, *f.* belt; **ceinture de sécurité,** *f.* seat belt
célèbre famous
célébrité, *f.* celebrity
célibataire, *m., f.* unmarried person
Cendrillon Cinderella
cent hundred
centraliser to centralize
centre, *m.* center, area
cependant however
certain, -e some
certes certainly
ceux, *m. pl.* those
chaîne, *f.* channel
chaleur, *f.* heat
chambre, *f.* room
chameau, *m.* camel
champ: sur le champ at once
chance, *f.* luck
chandelle, *f.* candle
change: agent de change, *m.* stockbroker
changer to change
chanson, *f.* song
chanteur, *m.* singer
chapeau, *m.* hat
chaperon, *m.* hood, cape
chaque each, every
char, *m.* carriage
charge, *f.* charge, responsibility
charmant, -e charming
charme, *m.* charm
châsse, *f.* shrine, reliquary
chasser to hunt
chat, *m.* cat
chaud, -e warm
chauffer to heat
chaussette, *f.* sock
chaussure, *f.* footwear, shoes
chef, *m.* leader, chef, boss; **chef de groupe,** *m.* leader
chemin, *m.* way, road
cheminée, *f.* fireplace, chimney
chemise, *f.* shirt

chêne, *m.* oak tree
cher, chère expensive, dear
cheval, *m.* (*pl.* chevaux) horse, horsepower
cheveux, *m. pl.* hair
chèvre, *f.* goat
chez at, to, with
chien, chienne dog
chiffre, *m.* number; chiffre d'affaires, *m.* turnover
chimique chemical
Chine, *f.* China
choisir to choose
chômage, *m.* unemployment
chouette, fine
Chrétienté, *f.* Christianit
chute, *f.* fall
ciel, *m.* sky
cigare, *m.* cigar
cinéma, *m.* movie theater
circulation, *f.* traffic
cirque, *m.* circus
citadin, *m.* city-dweller
clafoutis, *m.* type of cake, dessert
clair, -e clear; le plus clair de the best part of
clairière, *f.* clearing
clémence, *f.* leniency, clemency
climat, *m.* climate
climatisation, *f.* air conditioning
cloche, *f.* clock, bell
coalition, *f.* union, coalition
cocotte, *f.* casserole, little chicken
cochon, *m.* pig
coeur, *m.* heart
coffre, *m.* trunk; service des coffres, *m.* bank vault
coiffer to put on the head
coiffure, *f.* hairstyle
coin, *m.* corner
colère, *f.* anger; être en colère to be angry
collaboration, *f.* collaboration
collaborer to collaborate
colonne, *f.* column
combattre to fight
combien de how much, how many
comique comical
commander to order
comme as, like
commencement, *m.* beginning, start
commencer to begin
comment how
commerçant, *m.* merchant, tradesman
commettre (*irreg.*) to commit
commis, *m.* clerk, assistant; commis voyaguer, *m.* traveling salesman
commode convenient
communisme, *m.* communism

commun, -e common
compagnie, *f.* company
compagnon, *m.* companion, buddy
complet, *m.* suit
complet, complète complete, whole; au complet completely
complexité, *f.* complexity
complice, *m., f.* accomplice, member
compliquer to complicate
comportement, *m.* behavior
composant, *m.* component
compréhensif, comprehensive understanding
comprendre to understand
compris, -e included
compte, *m.* account; se rendre compte to realize
concentration, *f.* concentration; camp de concentration, *m.* concentration camp
concours, *m.* competition
concurrent, *m.* rival, competitor
condamner to condemn
conducteur, *m.* driver
conduire (*irreg.*) to drive, to guide; permis de conduire, *m.* driving license
conférencier, *m.* speaker, MC
conférer to bestow
confiance, *f.* confidence
confier to entrust; se confier à to rely on
confondre to confuse
confortable comfortable
connaissance, *f.* acquaintance
connaître (*irreg.*) to know, to be aware of
connu, -e known
consacrer to dedicate
conscient, -e conscious
conseil, *m.* advice
conseiller to advise
considérer (*irreg.*) to consider
consommateur, *m.* consumer
consommation, *f.* consumption, use; bien de consommation, *m.* consumer good
consommer to complete
constituer to constitute
conte, *m.* fairytale
contenir (*irreg.*) to contain, to hold
contestataire protesting, questioning
continuellement constantly
continuer to continue
contraire contrary; au contraire on the contrary
contre against
contribuer to contribute
contrat, *m.* contract
convenable suitable, proper
se convertir (*irreg.*) to turn into
corrompre (*irreg.*) to corrupt

côte, *f.* coast
se coucher to go to bed
coude, *m.* elbow
coudre to sew
couloir, *m.* corridor, lobby
coup, *m.* blow, stroke, hit; coup de soleil, *m.* sun-stroke, sunburn
cour d'immeuble, *f.* apartment building courtyard
courant, -e current; au courant up to date
couronne, *f.* crown
courrier, *m.* messenger, courrier
cours, *m. pl.* stock market prices, course; au cours de during; libre cours free rein
court, -e short
cousin, -e cousin
couvent, *m.* convent, monastery
crabe: marcher en crabe to go sideways
craindre (*irreg.*) to fear
crainte, *f.* fear, dread
craquer to creak
cravate, *f.* tie
créature, *f.* creature
créer to create, to found
crème, *f.* cream
crêpe, *f.* pancake, crepe
cresson, *m.* watercress
crier to yell, to shout
crime, *m.* crime
croire (*irreg.*) to believe
croissant, *m.* crescent roll
cueillette, *f.* gathering
cueillir (*irreg.*) to pick
cuire to cook
cuisine, *f.* kitchen
cuisinière, *f.* cook, kitchen stove
cuisson, *f.* cooking
cultivé, -e cultivated
cylindrée, *f.* cubic volume of engine

dangereux, dangereuse dangerous
danse, *f.* dance
davantage more
débarquer to disembark
débarrasser to rid, to free
débattre to debate
début, *m.* beginning; au début at the beginning
débutant, *m.* beginner
débuter to begin
déceler (*irreg.*) to disclose, to reveal
décembre, *m.* December
décevoir (*irreg.*) to deceive
décharné, -e emaciated, fleshless
déchet, *m.* waste
se décourager to be discouraged

découverte, *f.* discoverer
décrire to describe
défaut, *m.* error, mistake
défense (de) prohibited, forbidden
défenseur, *m.* defender
se dégager to extricate, to be disengaged
degré, *m.* degree, extent
dehors outside
déjà already
déjeuner, *m.* lunch; petit déjeuner, *m.* breakfast
delà, par delà beyond
délicat, -e delicate
délivrer to deliver
demander to ask
démaquiller to take off one's make up
demeurer to live, to reside
demi, -e half; demi-fléchi half bent
dénoncer to denounce
dent, *f.* tooth
dentaire dental
dépasser to exceed, to surpass
dépendre to depend
dépenser to spend
déplacement, *m.* travel, moving
se déplacer to move, to travel
depuis since, for
déranger to disturb
dernier, dernière last
dérouler to unroll, to unfold
derrière behind; venir de derrière to come from behind
descendre to bring down, to kill, to descend
désert, -e deserted, solitary
désespéré, -e hopeless, desperate
désigner to designate
désir, *m.* desire
désirer to wish for, to desire
dessin, *m.* drawing, cartoon
dessinateur, *m.* cartoonist
dessiner to draw, to design
dessous below
destin, *m.* destiny
détacher to detach
détester to detest
détruire to destroy
deuil, *m.* mourning
deux two
devant before
devenir (*irreg.*) to become
déverser to throw out, to emit
deviner to foretell, to discover, to find out
devoir (*irreg.*) to be obliged to, must
devoir, *m.* duty, work, task
dévorer to devour

dicton, *m.* saying, proverb
difficile difficult
difficulté, *f.* difficulty, problem
diffusion, *f,* broadcast
dignité, *f.* dignity
dilemne, *m.* dilemma
dîner, *m.* dinner
diplomatie, *f.* diplomacy
dire, *m.* statement
dire (*irreg.*) to say, to tell; **à vrai dire** to tell the truth; **c'est à dire** that is to say; **il veut dire** it means
diriger to conduct; **se diriger vers** to go toward
discours, *m.* speech
discuter to discuss
diseuse de bonne aventure, *f.* fortune teller
disparaître (*irreg.*) to vanish, to disappear
disperser to scatter
disposer to dispose, to set up
distrait, -e absent-minded
dites donc (dire) look here
diviser to divide
dix ten
dix-huit eighteen
il doit there must
domaine, *m.* area, estate, property
domicile, *m.* home, residence
dominer to dominate
donc then, therefore; **dites donc** look here
donner to give; **donner de la tête** not knowing where to go; **donner envie** to cause longing, to yearn; **donner rendez-vous** to make a date
dont whose
dorénavant henceforth
dorer to gild
dormir (*irreg.*) to sleep
dos, *m.* back
dossier, *m.* back
douche, *f.* shower
doué, -e gifted
doute, *m.* doubt
douteux, douteuse doubtful
drogue, *f.* drug, dope
droite, *f.* right hand, right
dromadaire, *m.* dromedary
druide, *m.* druid
durer to last

eau, *f.* water
écarter to step aside
échappement, *m.* exhaust
éclair, *m.* chocolate-covered, cream-filled pastry shell
éclater to break out

école, *f.* school; **école primaire,** *f.* grammar school; **maîtresse d'école,** *f.* teacher
écologie, *f.* ecology
économe economical
économie, *f.* economy
économiser to economize
écouter to listen
écran, *m.* screen
s'écraser to crash
écrire to describe, to write
écrit: par écrit in writing
écrivain, *m.* writer
effet, *m.* effect; **en effet** really, in effect
égal, *m.* equal
également equally, also
égalité, *f.* equality
église, *f.* church
égocentrique egocentric
égout, *m.* sewer
Égyptien, *m.* Egyptian
électricité, *f.* electricity
électrophone, *m.* record player
élève, *m.* pupil, disciple
élevé, -e high, expensive
élever to raise
éliminer to eliminate
s'éloigner to move away
embarras, *m.* trouble
embêter to bore, to annoy
embourgeoisement, *m.* becoming middle class
embrasser to embrace, to kiss
embrocher to skewer
émettre (*irreg.*) to emit
émission, *f.* radio broadcast
émouvant, -e touching, moving
empêcher to prevent
emploi, *m.* employee
employé, *m.* employee
empoisonner to poison
s'emporter to lose one's temper
emprise, *f.* hold, control, device
emprunter to borrow
encercler to encircle
encore yet, still
endimancher to dress in one's Sunday best
énergique energetic
enfance, *f.* childhood
enfant, *m.* child
enfer, *m.* hell
enfermer to lock up, to shut in
enfin finally
s'enfuir to flee
engagement, *m.* commitment
engager to engage, to induce

engin, *m.* machine, engine
énorme enormous, huge
enquête, *f.* inquiry, survey
enquêteur, *m.* inquirer
enseignant, -e teaching
ensoleillé, -e sunny
ensommeillé, -e sleepy
ensuite then, afterwards
entendre to hear, to listen to
enterrer to bury
entier entire, whole
entourage, *m.* advisers, followers
entraînement, *m.* training
entraîner to train
entreprendre to undertake
entrer to enter
entrevue, *f.* interview
envahir to invade
envers towards
envie, *f.* desire; **donner envie** to cause longing, to yearn
environ approximately
environnement, *m.* environment
s'éparpiller to scatter, to break
épaule, *f.* shoulder
épée, *f.* sword, foil
épine, *f.* thorn, prickle
épingles: **pelote à épingles,** *f.* pin cushion
époque, *f.* period, era
épouser to marry
épouvanté terrified
épreuve, *f.* test, quiz
éprouver to feel
équilibre, *m.* equilibrium
équitation, *f.* horsemanship, riding
escalier, *m.* stairway
escrime: **faire de l'escrime** to fence
escrimeur, *m.* fencer
escroc, *m.* swindler
espace, *m.* space
espérer to hope
espion, *m.* spy
esplanade, *f.* Esplanade, parade
espoir, *m.* hope
essayer to try
essence, *f.* gasoline
estrade, *f.* stand
établir to establish
étage, *m.* story, floor
étant being
étape, *f.* stop, station
état, *m.* state, case
États-Unis, *m. pl.* USA
été, *m.* summer

étendre to spread
étirer to stretch
étoile, *f.* star
étonnement, *m.* amazement
étonner to astonish
étrange strange
étranger, *m.* stranger
être, *m.* being
être (*irreg.*) to be; **être à** to belong to; **être aux écoutes** to be listening; **être d'accord** to agree; **être en colère** to be angry; **être en train** to be in the process; **être fort en** to be good at; **être vieux jeu** to be old fashioned
étudiant, *m.* student
étudier to study
évangile, *m.* Gospel
évènement, *m.* incidence, occurrence
évidemment evidently
éviter to avoid
exagérer to exaggerate
excitant, -e exciting
exemplaire, *m.* copy
exemple, *m.* example
exercer to practice
explication, *f.* explanation
expliquer to explain
exposer to expose
exprimer to express
extorquer to extort
extrait, *m.* excerpt
extraordinaire extraordinary
Extrême-Orient, *m.* Far East
exubérance, *f.* exuberance

fable, *f.* fable, tale
fabricant, *m.* manufacturer
fabrique, *f.* factory
fabriquer to build, to manufacture; **fabriquer en série** to mass produce
fâcher to anger
facile easy
façon, *f.* way, manner
faible weak
faiblesse, *f.* weakness
faim, *f.* hunger
faire (*irreg.*) to make, to do; **faire appel** to call upon; **faire bon** to be nice; **faire de l'escrime** to fence; **faire du mal** to hurt; **faire face à** to confront; **faire la sieste** to take a nap; **faire la vaisselle** to do dishes; **faire le régime** to diet; **faire le siège** to lay siege; **faire mauvais** to be bad (weather); **faire partie de** to belong to; **faire un procès-verbale** to give a ticket; **faire rage** to be the rage; **en faire autant** to do like-

wise; **se faire la main** to get one's hand in; **se faire mal** to hurt oneself

fait, *m.* fact; **de fait** in fact; **en fait** as a matter of fact

falloir (*irreg.*) to be necessary

fantaisie, *f.* fantasy

fasciner to fascinate

fatidique fateful

fatigué, -e tired

se fatiguer to tire, to wear out

fausse (faux) false, wrong

il faut it is necessary

faute de for lack of

fauteuil, *m.* armchair

faux, fausse false, wrong

favori, -e favorite

femme, *f.* wife, woman

fenêtre, *f.* window

fer, *m.* iron

ferraille, *f.* iron; **marchand de ferraille,** *m.* junk dealer

fête, *f.* holiday, festival, feast

feu, *m.* light, fire

feuillage, *m.* foliage, leaves

feuille, *f.* leaf

février, *m.* February

se ficher to laugh at, to make game

fidèle faithful

figures libres, *f. pl.* free style

fier, fière proud

filiation, *f.* connection

fin, *f.* end

flâner to stroll

fleur, *f.* flower

foi, *f.* faith, belief

foie-gras, *m.* liver paté

fois, *f.* time occurrence; **à la fois** at the same time

folle (fou) mad, crazy, foolish

foncer to dash, to rush

fonctionnaire, *m.* civil servant

fondateur, *m.* founder

fondre to melt

football, *m.* soccer

force, *f.* power, force

forêt, *f.* forest

former to found

fort, -e strong; **être fort en** to be good at

fou, folle mad, crazy, foolish

foulard, *m.* scarf

foule, *f.* crowd

fournir to furnish

foyer, *m.* focus, home, lobby

fracas, *m.* crash, noise

fraîche fresh

frais, fraîche fresh

fraîcheur, *f.* coolness, freshness

franc, franche frank

franc, *m.* French currency: about 20¢

Franc, *m.* member of Frankish tribe

français, -e French

frappant, -e striking

freiner to brake

frère, *m.* brother

friand de fond of

frissonner to shiver

froisser to hurt

fromage, *m.* cheese

frotter to rub

fumer to smoke

furieux, furieuse angry, mad

gagner to win

gai, -e happy, joyful

galette, *f.* cookie

garagiste, *m.* mechanic

garçon, *m.* boy

garde-robe, *f.* wardrobe

garder to keep, to watch

gardian, *m.* cowherd in the camargue

gaspillage, *m.* waste, squandering

gaspiller to waste

se gâter to spoil

gauche left

gaulois, -e Gallic

gaz, *m.* gas

gelée, *f.* frost, jelly, aspic

Gémeaux, *m. pl.* Gemini

gémissement, *m.* groan

gêner to bother

génération, *f.* generation

généreux, généreuse generous

génial, -e inspired, having genius

génie, *m.* genius

genou, *m.* knee

genre, *m.* kind, make

gens, *f. pl.* people

gigot, *m.* leg of lamb

gitan, *m.* gypsy

glisser to glide, to slide

gloire, *f.* glory

gnon, *m.* punch

gourmand, *m.* glutton

gouvernement, *m.* government

grâce à thanks to, due to

grand, -e large, big

grand-mère, *f.* grandmother

grand-père, *m.* grandfather

gras, grasse fat

gratin, *m.* gratin, dressed with crust of bread-crumbs
gratuit, -e free
grignoter to nibble
grimer to put on make up
grimper to climb
grincer to creak
grisonnant, -e greying
grogner to grunt
gronder to scold
grossir to enlarge, to grow larger
groupe: chef de groupe, *m.* leader
guêpe, *f.* wasp
guerre, *f.* war
guerrier, *m.* warrior
guet-apens, *m.* ambush
gui, *m.* mistletoe
gymnastique, *f.* exercise

habiller to dress
habiter to reside, to live
habitude, *f.* habit, custom; **avoir l'habitude** to be in the habit of
habituel, habituelle normal, customary
haltérophilie, *f.* weight-lifting
hanter to haunt
hantise, *f.* obsession
harmonieusement harmoniously
hâte: avoir hâte to be eager
haute-couture, *f.* high fashion
hazard: au hazard at random
hebdomaire weekly
hégémonie, *f.* hegemony, domination
hélas! alas!
herbage, *m.* herb, grass
herbe, *f.* spice, herb
héritage, *m.* inheritance
héritière, *f.* heiress
héros, *m.* hero
heure, *f.* hour, o'clock; **à l'heure** on time; **de bonne heure** early
heureux, heureuse lucky, fortunate, happy
heurter to strike against, to hit
hier yesterday
hisser to hoist, to pull up
histoire, *f.* tale, story, history
hocher to nod
holocauste, *m.* holocaust
homme, *m.* man; **homme d'affaires,** *m.* businessman
honnête honest
horoscope, *m.* horoscope
horreur, *f.* horror
hors out

hôtel, *m.* hotel
humain, -e human
humoristique humorous, funny
humour, *m.* humor

ici here
idée, *f.* idea
identique identical
idéologique ideological
idiot, -e idiotic, absurd
il y a ago
île, *f.* island
image, *f.* picture
imagé, -e full of images
immédiatement immediately
immeuble, *m.* building; **cour d'immeuble,** *f.* apartment building, courtyard
importer to matter; **n'importe quelle** any
incarcérer to imprison
incassable unbreakable
inconvénient, -e inconvenient
Inde, *f.* India
indéfinissable indefinable
indestructible indestructible
Indien, -ienne Indian
indiquer to mean, to indicate
indubitablement undoubtedly
industrialisé, -e industrialized
inégalité, *f.* inequality
inférieur, -e inferior, lower
infernal, -e hellish
infirmière, *f.* nurse
infusion, *f.* filling
ingénieur, *m.* engineer
innommable unnameable
inoubliable unforgettable
inspecteur, *m.* inspector
instigateur, *m.* instigator
instituteur, *m.* school teacher
instruire to instruct
insupportable intolerable
intégrant, -e integral
interdiction, *f.* prohibition
interdit, -e forbidden
s'intéresser to be interested in
intérêt, *m.* interest
intérieur, *m.* interior
interne internal
interroger to question
intime intimate
intimider to intimidate
introuvable matchless, not to be found
inutile useless, needless
inutilité, *f.* uselessness

invité, *m.* invited guest
irrégulier, irrégulière irregular
irriter to irritate
isolement, *m.* isolation, loneliness
Italie, *f.* Italy

jaloux, jalouse jealous
jamais never, not ever
jambe, *f.* leg
janvier, *m.* January
japonais, -e Japanese
jardin, *m.* garden
jaunir to yellow
jeter to throw
jeu, *m.* game, play, sport; **être vieux jeu** to be old-fashioned
jeune young
jeunesse, *f.* youth
joie, *f.* joy, pleasure
joli, -e pretty, nice
jouir de to enjoy
jour, *m.* day
journal, *m.* newspaper
journée, *f.* day
juger to judge
juif, *m.* Jew
juillet, *m.* July
juin, *m.* June
julienne de légumes, *f.* vegetable salad
jupe, *f.* skirt
jurer to swear

kilomètre, *m.* kilometer (0.62 mile)
klaxon, *m.* horn, siren
klaxonner to honk
km/h kilometers per hour

là there
là-bas over there
lac, *m.* lake
laisse, *f.* leash, lead; **tenir en laisse** to keep on a leash
laisser to leave, to let; **laisser en marche** to leave turned on
lait, *m.* milk
lancer to throw, to put forth
lave-vaisselle, *m.* dish-washing machine
laver to wash
lecteur, *m.* reader
légal, -e legal, authorized
légendaire legendary
légende, *f.* legend
léger, légère light, fast
légèrement slightly

légèreté, *f.* swiftness, lightness, frivolity
légume, *m.* vegetable
lendemain, *m.* the next day
lent, -e slow
lenteur, *f.* slowness
lettre, *f.* letter
leur their
se lever to rise
librairie, *f.* bookstore
libre cours free rein
lierre, *m.* ivy
lieu, *m.* place, spot
liftier, *m.* elevator man
ligne, *f.* figure
limitation, *f.* limit
lingerie, *f.* underclothing
lion, *m.* Leo, lion
lire (*irreg.*) to read
litre, *m.* liter (slightly more than one quart)
livre, *m.* book
livrer to engage in, to entrust
livret, *m.* libretto, script
livreur, *m.* delivery person
logique logical
loi, *f.* law, regulation
lointain, -e remote, far off
Londres London
longtemps a long time
lorsque when
louer to rent
loup, *m.* wolf
lourdeur, *f.* weight, heaviness
lumière, *f.* light
lunettes, *f. pl.* glasses
lustre, *m.* chandelier
luxe, *m.* profusion, extravagance
lycéen, *m.* high school student
lyrisme, *m.* lyricism

magasin, *m.* store
magique magic
mai, *m.* May
maigrir to get thin
maillot de bain, *m.* bathing suit
main, *f.* hand; **se faire la main** to get one's hand in
maintenant now
maintenir (*irreg.*) to maintain
maison, *f.* house
maître, *m.* master
maîtresse d'école, *f.* teacher
majesté, *f.* majesty
majestueux, majestueuse majestic
mal, *m.* evil, bad; **faire du mal** to do something

wrong; **se fair mal** to hurt oneself; **non sans mal** not without difficulty
malade ill, sick
maladie, *f.* illness
malentendu, *m.* misunderstanding
malgré despite
malheur, *m.* misfortune, misery
malheureux, malheureuse unhappy, unfortunate
malin, maligne bad, sly, roguish, knowing
mangeur d'hommes, *m.* cannibal, man eater
manière, *f.* manner, way
manquer to lack
manteau, *m.* coat
maquiller to make up
marchand, *m.* dealer, merchant; **marchand de ferraille,** *m.* junk dealer
marche, *f.* step
marché: bon marché inexpensive
marcher to go, to walk; **marcher en crabe** to go sideways
mardi, *m.* Tuesday
mari, *m.* husband
se marier to marry
marieuse, *f.* matchmaker
marionnette, *f.* puppet
marjolaine, *f.* sweet marjoram
marque, *f.* brand, design
mars, *m.* March
marteau, *m.* hammer
matériel, materielle material
maternelle, *f.* nursery, day school
matin, *m.* morning
maudire to curse
mauvais, -e bad; **faire mauvais** to be bad weather
mécanisme, *m.* mechanism
méchant, -e mean, evil
mécontent, -e displeased
médecin, *m.* physician
Méditerranée, *f.* Mediterranean (Sea)
meilleur, -e better
meilleur, *m.* the best
mélanger to mix
mêler to mix
même even, same; **au même titre** for the same reason
menacer to menace
ménagère, *f.* housewife
mener to lead, to guide
menhir, *m.* Stonehenge, prehistoric stone
mental, -e mental
mentir (*irreg.*) to tell a lie
mer, *f.* ocean, sea
mère, *f.* mother
merveille, *f.* wonder

merveilleux, merveilleuse marvelous
Messie, *m.* Messiah
méthodique methodical
métier, *m.* profession, occupation, trade
métro, *m.* subway
mettre (*irreg.*) to put, to place; **se mettre** to begin to; **mettre au point** to complete, to finish
meuble, *m.* piece of furniture
Mexique, *m.* Mexico
miel, *m.* honey
mieux better
milieu, *m.* environment, middle; **au beau milieu** right in the middle
militaire, *m.* soldier
militaire military
milliers, *m. pl.* thousands
mince slender
minceur, *f.* slimness
minuit, *m.* midnight
misère, *f.* misery
mode, *f.* way, method, fashion; **à la mode** fashionable
modèle, *m.* model, sample
modéliste, *f.* dress designer
modération, *f.* moderation
modeste modest
moeurs, *f. pl.* morals, customs
moi me
moindre: au moindre at the least; **moindres,** *m. pl.* the least, smallest
moins least, less; **à moins que** unless
mois, *m.* month
moitié, *f.* half; **à moitié fou** half crazy
monde, *m.* world
mondial, -e worldwide
monotone monotonous
monstre, *m.* monster
montagne, *f.* mountain
monter to mount, to go up
montre, *f.* watch
montrer to show
monteur d'ours, *m.* bear trainer
se moquer de to make fun of
moquette, *f.* carpet
morceau, *m.* piece, bit
mordre to bite
mort, *f.* death
mot, *m.* word
moteur, *m.* engine
motocyclette, *f.* motorbike
se moucher to blow one's nose
moulin, *m.* mill
mourir to die
moyen, *m.* means

moyen, moyenne average; **en moyenne** on the average
mule, *f.* mule
mur, *m.* wall
mûr: d'age mûr middle-aged
museau, *m.* snout, nose
musicien, *m.* musician
musique, *f.* music
mystère, *m.* mystery

nain, *m.* dwarf
naissance, *f.* birth
naître (*irreg.*) to be born
natation, *f.* swimming
naufragé, -e shipwrecked
ne . . . que only
négociant, *m.* businessman
neige, *f.* snow
nettoyer to clean
neuf nine
neuf, neuve new
nevrosé, -e nervous
nez, *m.* nose
nicher to nest
noisette, *f.* hazel nut
nom, *m.* name; **nom propre,** *m.* proper name
nombre, *m.* number
nombreux, nombreuse numerous
nommer to name
non sans mal not without difficulty
noter to note
notre our
nourriture, *f.* nourishment
novembre, *m.* November
nuit, *f.* night
numéro, *m.* number

obéir to obey
obesité, *f.* obesity
objectif, *m.* objective, goal
obsédé, -e obsessed
obstiné, -e stubborn
occuper to occupy, to employ
octobre, *m.* October
Oedipe, *m.* Oedipus complex
oeil, *m.* eye
offrir (*irreg.*) to offer
oie, *f.* goose
oignon, *m.* onion
oiseux, oiseuse trivial, useless
ombrageux, ombrageuse oversensitive
ombre, *f.* shadow
omelette, *f.* omelet
oncle, *m.* uncle

onze eleven
opération, *f.* operation
s'opérer to take place
opposé, *m.* the opposite
or, *m.* gold
oral, -e oral
oreille, *f.* ear
organiser to organize
s'orienter to orient oneself
orphelin, *m.* orphan
ortie, *f.* nettle
oseille, *f.* sorrel
oser to dare
osseux, osseuse bony
ou or; **ou . . . ou** either . . . or
où where
oublier to forget
ouest, *m.* west
ours en peluche, *m.* stuffed bear
ourson, *m.* bear cub
ouvrier, *m.* worker
ouvrir to open
oxygène, *m.* oxygen

pain, *m.* bread
paisible calm, peaceful
paix, *f.* peace
pâle pale
pancarte, *f.* sign
panne, *f.* breakdown
pantalon, *m.* pants
paon, *m.* peacock
Pape, *m.* Pope
papillon, *m.* butterfly
papillotter to blink
par with, by; **par delà** beyond
paradis, *m.* paradise
paraître (*irreg.*) to appear
parapluie, *m.* umbrella
parc, *m.* park
parcourir to travel through
pardonner to forgive
pare-brise, *m.* windshield
pare-choc, *m.* bumper
paresser to idle
parfait, -e perfect
parfum, *m.* perfume
Parisienne, *f.* Parisian (woman)
parler to speak, to talk
parleur, *m.* speaker
parmi among
parole, *f.* word, utterance
partager to divide
partant consequently

partenaire, *m.* partner
partie: faire partie de to belong to
partir to leave
pas no, not, not any
pas, *m.* step, pace; pas à pas step by step;
  pas de la porte doorstep
passage, *m.* passage, transit, right of way
passager, *m.* passenger
passé, -e past, gone by
passeport, *m.* passport
passer to spend; se passer to happen, to occur
passionné, -e passionate
passionner to excite, to interest deeply
pasteur, *m.* pastor
pâte, *f.* temper, paste, dough
pathologique pathological
patiner to skate
patrie, *f.* homeland, fatherland
patron, *m.* boss
patte, *f.* paw
pauvre poor
pays, *m.* country
paysan, *m.* farmer
pêche, *f.* fishing
peine: à peine barely
peintre, *m.* painter
peinture, *f.* painting
pèlerinage, *m.* pilgrimage
pelote à épingles, *f.* pin cushion
pendant during
pensée, *f.* thought, mind
penser to think, to believe
penseur, *m.* thinker
pensif, pensive pensive
pénurie, *f.* shortage
perdre to lose
perle, *f.* pearl
permis de conduire, *m.* driving license
perplexe perplexed, confused
père *m.* father
périlleux, périlleuse dangerous
permanence, *f.* permanence
permettre (*irreg.*) to permit
perpétuellement constantly
personnage, *m.* person, individual
personne no one
peser to weigh heavily
petit small; petit déjeuner, *m.* breakfast; petit-
  enfant, *m.* grandchild
pétrifié, -e petrified
pétrole, *m.* gas, oil
peu: un peu a little
peur, *f.* fear
peut-être perhaps

phare, *m.* headlight
phrase, *f.* sentence
physique physical
picoter to tingle
pied, *m.* foot; à pied on foot
piège, *m.* trap
pierre, *f.* rock, stone
piéton, *m.* pedestrian
pincer to pinch, to nip
pionnier, *m.* pioneer
pipe, *f.* pipe
piquant, -e stinging, burning
pirouetter to turn
pitié, *f.* pity, compassion
piton, *m.* mountain peak
pittoresque picturesque
placer to place, to rank
se plaindre to complain
plaisir, *m.* pleasure
planche à roulettes, *f.* skateboard
planète, *f.* planet
plastique plastic
plein, -e full; en plein at the height of
pleurer to cry, to weep
pleuvoir (*irreg.*) to rain; il pleut it is raining
plier to bend, to fold
plonger to plunge
plupart, *f.* majority
plus more, any more; de plus en plus more and
  more
plutôt rather, sooner
pneu, *m.* tire
poésie, *f.* poetry
poète, *m.* poet
poid, *m.* weight
point: à point just right; mettre au point to complete, to finish
pois, *m.* pea
poisson, *m.* Pisces, fish
poivre, *m.* pepper
police: agent de police, *m.* policeman
policier, *m.* policeman
polluer to pollute
pomme, *f.* apple
pondre to lay
populaire popular
se porter to go, to be (pertaining to health)
portière, *f.* car door
poser to ask, to pose
posséder to possess
poste, *m.* set
pot, *m.* pot, jar
potager, *m.* kitchen garden
potion, *f.* potion, mixture

poubelle, *f.* trash can
poule, *f.* hen, fowl
pour for; **pour que** in order that
pourcentage, *m.* percentage
pourquoi why
poursuivre (*irreg.*) to pursue
pourtant however, still
pourvu que provided that
pousser to push
pouvoir (*irreg.*) to be able, can
pratique practical
pratiquer to practice
précédent, -e preceding
se précipiter to hurry
prédire (*irreg.*) to predict
préférer to prefer
premier, première first
prémonitoire foreshadowing
prendre (*irreg.*) to take
préparer to prepare
près de near
présent, *m.* present (time)
presque nearly, almost
presse, *f.* press
prestigieux, prestigieuse prestigious, amazing
prêt, -e ready, prepared
prêt-à-porter, *m.* read to wear
prêter to lend
prévoir (*irreg.*) to foresee
prier to request, to pray; **je vous prie** please
primaire: école primaire, *f.* grammar school
prince, *m.* prince
principal, -e primary
printemps, *m.* springtime
privé, -e private
privilégié, -e privileged
prix, *m.* price
procès-verbal, *m.* police report; **faire un procès-verbal** to give a ticket
prochain, -e impending
proche near
prodigieux, prodigieuse prodigious, wonderful
promenade, *f.* stroll, walk
se promener to go for a walk
promettre (*irreg.*) to promise
promoteur, *m.* promoter
promouvoir to promote
protéger to protect
prouver to prove
province, *f.* country
provoquer to induce, to provoke
prude prudish
prudence, *f.* prudence
publier to publish

puiser to draw, to borrow
puisque because, since
puissance, *f.* power
purée, *f.* mash, purée

quand when
quant à as far as, as for
quarante forty
quart, *m.* quarter
quartier, *m.* piece, part, neighborhood
quelque some, any
quelquefois sometimes
question, *f.* question
queue, *f.* line
quitter to leave
quotidien, quotidienne daily

raccourci, *m.* shortcut
race, *f.* human race
raconter to tell, to relate
raffinerie, *f.* refinery
rage: faire rage to be the rage
raison, *f.* reason; **avoir raison** to be right
raisonnement, *m.* reasoning
ralentir to slow down
rang, *m.* rank, place
raquette, *f.* racket
rapide fast, express
rapidité *f.* speed
rappeler to remind
rapport, *m.* revenue, conformity
rare rare, scarce
se raser to shave
rassurer to strengthen, to calm
rayon, *m.* shelf
réalisation, *f.* direction
réaliser to fulfill
récepteur, *m.* receiver, set
recette, *f.* recipe
recherche, *f.* research
récit, *m.* story
réconcilier to reconcile
reconnaissant, -e grateful
reconnu, -e recognized
recueil, *m.* anthology, collection
reculer to recoil; **à reculons** backwards
rédiger to compose, to write
redouter to fear
réduire to reduce
réfléchir to reflect
réfrigérateur, *m.* refrigerator
refuser to refuse
regarder to look at
régime: faire le régime to diet

régler to control
régulier, régulière regular
rejeter to reject
relique, *f.* relic
remarquer to remark
remercier to thank
remords, *m.* remorse
remplacement, *m.* replacement
remplir to fill in
remuer to move
renard, *m.* fox
rencontrer to meet
rendez-vous, *m.* date, meeting; **donner rendez-vous** to make a date
se rendre compte to realize
renier to deny, to disavow
renommé, -e renowned
renoncer to renounce
réparer to repair
repartie, *f.* retort, reply
répartir (*irreg.*) to divide
repas, *m.* meal
répéter to repeat
répondre to answer
réponse, *f.* response, answer
se reposer to rest
reprendre to get back, to resume
représenter to represent
rescapé, *m.* survivor
réserve, *f.* reservation
réservoir, *m.* gas tank
Résistance, *f.* resistance movement
résolu, -e resolved
résoudre (*irreg.*) to resolve
respecter to respect
respirer to breathe
se ressaisir to pull oneself together
ressembler à to resemble
ressentir (*irreg.*) to feel
ressource, *f.* resource
rester to stay, to remain
retard: en retard late
retirer to pull out
retour, *m.* return
retraite, *f.* retirement
retraité, *m.* pensioner, retired person
réunion, *f.* meeting
réussir to succeed
réussite, *f.* success
rêve, *m.* dream
révélateur, *m.* informer, revealer
révéler to reveal
rêver to dream
se révolter to revolt

revue, *f.* review (periodical)
rez-de-chaussée, *m.* ground level, ground floor
riant (rire): en riant with a smile, with a laugh
richesse, *f.* riches, wealth
ridicule ridiculous
rien nothing
rigoureux, rigoureuse severe
rire (*irreg.*) to laugh, to smile
risque, *m.* risk
rivière, *f.* river
robe, *f.* dress, gown
roi, *m.* king
rôle, *m.* role
romain, -e Roman
romantique romantic
rôtir to roast
rouge red
rouler to roll
roulette: planche à roulettes, *f.* skateboard
roulotte, *f.* gypsy van
route, *f.* road
routier, routière of roads
rue, *f.* road, street
ruse, *f.* cunning, trickery

sabayon, *m.* sauce made with egg yolk
sac en papier, *m.* paperbag
sage wise
sagesse, *f.* wisdom
sagittaire, *m.* Sagittarius
sainte, *f.* saint
salaire, *m.* salary
sale dirty
salir to dirty
salle à manger, *f.* dining room
salle de séjour, *f.* living room
samedi, *m.* Saturday
sanglier, *m.* wild boar
sans without; **sans mal** without difficulty
santé, *f.* health
saperli popluche! good grief!
sarcastique sarcastic
satisfait, -e satisfied
saut, *m.* leap
sauter to jump
sauvage savage, wild
savoir (*irreg.*) to know
savoir, *m.* learning, knowledge
Saxe, *f.* Saxony
scénario, *m.* script
scène, *f.* scene, incident
schizophrène schizophrenic
scorpion, *m.* Scorpion
seconde, *f.* second

secouer to shake
secousse, *f.* shake, shock
sécurité, *f.* safety
selon according to
semaine, *f.* week
sembler to seem
sens, *m.* sense
sensible sensitive
se sentir (*irreg.*) to feel
septembre, *m.* September
serie: fabriquer en serie to mass-produce
sermon, *m.* lecture, sermon
serpent, *m.* snake
serré, -e close together
service des coffres, *m.* bank vault
serviette, *f.* briefcase
seul, -e only, alone
seulement only
sévère severe, stern
short, *m.* shorts
si if, whether
siècle, *m.* century
siège, *m.* siege; **faire le siège** to lay siege
sieste, *f.* siesta, rest; **faire la sieste** to take a nap
signe, *m.* sign, nod
silencieux, silencieuse silent
singe, *m.* ape, monkey
se situer to take place
skieur, *m.* skier
société, *f.* society
soi-même himself
soir, *m.* evening; **sorties du soir,** *f. pl.* evening clothes
soirée, *f.* evening
sol, *m.* ground, earth
solaire solar
soleil, *m.* sun; **coup de soleil,** *m.* sunstroke, sunburn
somme, *f.* sum; **en somme** in short
sommeil, *m.* sleep
somnolence, *f.* somnolence
somnolent, -e sleepy
sonner to ring
sorties du soir, *f. pl.* evening clothes
sortir to go out, to leave
soudain suddenly
soufflé, *m.* soufflé
souffler to whisper
souffrir to suffer
souligner to underline
soumettre (*irreg.*) to submit
soupir, *m.* sigh
sourd, -e hollow, muffled
sourire to smile

sous under
soustraire (*irreg.*) to take away, to remove
souvent often
spirituel, spirituelle spiritual
sportif, *m.* athlete
squelette, *m.* skeleton
stationnaire stationary
stationner to park
stupéfier to astound
subir to suffer, to come under
subjugation, *f.* subjugation
substantif, *m.* noun
subversif, subversive subversive
succès, *m.* success
succursale, *f.* branch
sud, *m.* south
sueur, *f.* sweat
suffir (*irreg.*) to suffice
suivant, -e following
suivre (*irreg.*) to follow
sujet, *m.* subject
superficiel, superficielle, superficial
supprimer to suppress, to cut down on
sûr, -e sure
sur le champ at once
surhumaine superhuman
surprendre (*irreg.*) to surprise
surtout especially
survivant, *m.* survivor
sympathique likeable

table, *f.* table
tableau, *m.* picture
taille, *f.* size
se taire to be silent
tandis que while
tante, *f.* aunt
tapis, *m.* rug, carpet
tard late
Tartare, *m.* Tartar
tas, *m.* bunch
taureau, *m.* Taurus, bull
taxe, *f.* tax, charge
téléspectateur, *m.* television viewer
téléviseur, *m.* television set
tellement so, in such a way
temps, *m.* time
tendance, *f.* tendency
tenez listen!
tenir (*irreg.*) to hold, to keep; **tenir en laisse** to keep on a leash
tenter to attempt, to try
terminer to finish
terre, *f.* earth

se terrer to burrow
terreur, *f.* terror
terrier, *m.* hole
terrine, *f.* dish
tête, *f.* head; **avoir la grosse tête** to have things go
    to one's head; **donner de la tête** not to know
    where to go
têtu stubborn
théâtre, *m.* theater
tiens! listen! well!
tiers, *m.* one third
timide timid
tirer to draw, to pull
titre: au même titre for the same reason
toilette, *f.* lavatory
ton, *m.* tone, manner
torpeur, *f.* torpor
tortue, *f.* tortoise
tôt early
totalitaire totalitarian
toujours always
tour, *m.* revolution, turn; **à son tour** in turn; **tours**
    per minute, tr/mn revolutions per minute, r.p.m.
tournant, *m.* turn, bend
tourte, *f.* raised pie, loaf
tout, -e all; **du tout** at all; **tout à coup** suddenly;
    tout à fait quite, entirely; **tout en** while
toxique toxic
traction avant, *f.* front wheel drive
traditionellement traditionally
tragique tragic
train, *m.* train; **être en train** to be in the process
traiter to treat
trajet, *m.* drive, trip
tranquil, tranquille quiet, calm
transmission, *f.* broadcast
transporteur, *m.* transporter, carrier
traquer to hunt down, to track
travail, *m.* work
travailler to work
traverser to traverse, to cross
trébucher to stumble
treize thirteen
trembler to shake
tremper to drench, to immerse
trente thirty; **sur la trentaine** out of the 30 or so
très very
tressaillir to shiver
tribu, *f.* tribe
tristesse, *f.* sadness
troisième third
trôner to reign, to rule
trop too
trottoir, *m.* sidewalk

troupeau, *m.* flock
trouver to find
tuer to kill

unanime unanimous
Union Soviétique, *f.* Soviet Union
uniquement only
usagers, *m. pl.* articles for personal use
usine, *f.* factory
ustensile, *m.* utensil
utiliser to employ, to use

vacances, *f. pl.* vacation
vague, *f.* wave
vaisselle, *f.* dish; **faire la vaisselle** to do dishes
valeur, *f.* value, worth
vallée, *f.* valley
vapeur, *f.* steam
varier to vary
variété, *f.* variety
vedette, *f.* movie star
végétarien, végétarienne vegetarian
véhicule, *m.* vehicle
veille, *f.* night (day) before
vendre to sell
se venger to avenge
venir (*irreg.*) to come; **venir de derrière** to come
    from behind
vent, *m.* wind
venue, *f.* coming
vérité, *f.* truth
verre, *m.* glass, lens
vers toward
verseau, *m.* Aquarius
verser to pour
vert, -e green
veste, *f.* coat
vêtement, *m.* garment, clothes
vêtu, -e dressed
veut (vouloir): il veut dire it means
veuve, *f.* widow
vide, *m.* void, empty space
vie, *f.* life
vieillard, *m.* old man
vieille (vieux) old
vieillissant, -e growing old
vierge, *f.* Virgo, virgin
vieux, vieille old; **être vieux jeu** to be old-
    fashioned
ville, *f.* city, town
vin, *m.* wine
vingtième twentieth
violemment violently
violon, *m.* violin

virtuose, *m.* virtuoso
visiblement visibly
visionnaire, *m.* visionary
visiter to visit
vitalité, *f.* vitality
vite fast
vitesse, *f.* speed
vivre et couvert, *m.* board and room
vocabulaire, *m.* vocabulary
vogue, *f.* fashion, vogue, craze
voici here is, here are
voie, *f.* way, road
voile, *f.* sail
voir (*irreg.*) to see
voisin, *m.* neighbor
voiture, *f.* car, vehicle
voix, *f.* voice

vol, *m.* flight; **vol plané,** *m.* glide
volaille, *f.* poultry, fowl
volant, *m.* steering wheel
volonté, *f.* will, wish
volume, *m.* volume
voter to vote
vouloir (*irreg.*) to desire, to want
vouloir dire to mean
voyageur, *m.* traveler; **commis voyageur,** *m.*
  traveling salesman
voyance, *f.* gift of foresight
voyant, *m.* seer, prophet
vrai, -e true

wagon-frein, *m.* caboose

yeux, *m. pl.* eyes